× × ×

"바늘을 쥐고 실을 엮어야 비로소 시작되는 이야기"

분노와 × 낭만의 × 뜨개일지

차례

프롤로그 C.O · 5

오늘도 푸르시오 - V넥 반소매 니트 · 9

상대적 효능감 - 변형 고무 목도리 · 15

명품 가방 하나도 부러워 - 그래니 스퀘어 가방 · 22

성공과 실패 사이 - 모로칸 블랭킷(이었던 것) · 27

그냥 하는 마음 - 스크류 썸머 니트 · 33

분노의 뜨개구리 - 대바늘 개구리 인형 · 40

어떤 고민은 옷이 된다 - V넥 보텀-업 조끼 · 49

할머니는 나를 닌자로 키웠다 - 조끼 카디건 · 56

뜨개에는 계절이 없다 - 계절별 코바늘 모음 · 64

단종된 실에 대처하는 법 - 파란하늘 뷔스티에 · 74

언제쯤이면 어른이 될까 - 카라 스웨터 · 81

T형 인간에게 수제 옷을 선물한다는 건 - 무도안 꽈배기 조끼 · 87

썩지 않는 마음 - 뜨개 케이크 · 95

제로부터 시작하는 뜨개 - 유리알 반소매 니트 · 100

머리카락 대신 꽃 달고 다니는 할머니 - 데이지 버킷햇 · 107

레트로 패션 아니고 그냥 궁상 - 이어폰 파우치 · 114

꿈을 이뤘다는 건 - 제자리 북커버 · 121

뚱뚱 탈출기 - 스파이스드 브리즈 · 128

뜨개인을 화나게 만드는 101가지 방법 - 홍 목도리 · 135

외로운데 사람은 싫어요 - 뜨개 카나리아 · 142

나를 죽이지 못하는 고통은 나를 더 강하게 만들 뿐 - 펠팅 지옥 · 149

굳이 기성 옷 풀어 새 옷 만들기 - 베리 도넛 스웨터 · 154

초심자의 마음으로 - 베이직 코스터 · 160

01년생에게 꼰대 소리 듣는 97년생 - 양 세 마리 파우치 · 167

하루를 기록하는 또 하나의 방법 - 무드 블랭킷 · 174

파도 앞에서 파도 입기 - 블루웨이브 카디건 · 179

시간을 엮어 당신에게 - 모비 스웨터 맨 · 186

에필로그 - F.O · 192

일러두기

1. '뜨개질'이 표준어지만 본문에서는 모두 '뜨개'로 통일하여 표기했다.
2. 국립국어원의 표기법을 따르되 일부는 절충하여 대중적인 표기를 따랐다.

프롤로그
- C.O

뜨개에서 C.O는 프로젝트를 시작함을 의미한다. 캐스트 온(Cast On), 이라고 읽는다. 코를 잡고 한 줄씩 떠 내려가 끝내 완성하기까지 얼마나 걸릴지 모르는 일을 기어코 시작하는 거다. 젓가락을 닮아 얇고 기다란 바늘에 국수 가닥 같은 실을 줄줄이 걸면 준비가 끝난다. 남은 건 죽이 되든 밥이 되든 마지막 코를 빼낼 때까지 달리는 일뿐이다. 시간과 노력은 손끝에서 나만 알 수 있는 가치로 바뀌고, 그 과정은 느리지만 즐겁다. 그래서 나는 나의 모든 뜨개를 낭만이라고 부른다.

나에게 낭만이란 이런 것들이다.

여행에서 마주한 노을. 모래사장 돗자리에 앉아 마시는 캔맥주. 길을 걷다 우연히 들려오는, 아주 어릴 때 봤던 만화 영화 노래. 한여름 그늘 속 벤치에 앉아 느끼는 선선한 바람. 저화질 동영상 속 환하게 웃으며 노래하는 어느 청년. 그 옆에서 바이올린을 켜는 어느 노인. 공원에 둘러앉아 사랑하는 사람과 포근한 오후를 보내는 여자 혹은 남자. 아무도 밟지 않은 눈밭에 내딛는 첫걸음. 어느 계절에만 피었다 지는 꽃과 그 꽃을 기억하려는 수많은 사진. 처음 본 사람들이 모두 함께 노래하는 콘서트장.

그리고 한겨울 퇴근 후 포장마차에서 사천 원짜리 잔치국수와 함께 먹는 소주다. 길 하나만 건너면 테이블마다 달린 오더기로 주문하고 등받이 의자에 편안하게 앉아 음식을 즐길 수 있는 식당이 있어도 빨간 천막만 보면 홀린 듯 들이긴다. 테이블 밑 전기난로와 플라스틱 간이의자가 주는 불편이, 금방이라도 무너질 듯 펄럭이는 천막으로 인한 불안이 내 마음을 풀어지게 만든다. 그렇게 느슨해진 마음 사이로 술이 술술 들어가는 마법이 일어난다. 일하는 내내 실수하지 않기 위해 긴장했던 마음이 위로받는 기분이다. 약간의 불편과 불안이 안정으로 돌아오는 소중한 경험이다.

뜨개도 마찬가지이다. 불완전한 실에서 완전한 작품으로 변모하기까지 겪는 모든 과정이 소중하고 낭만적이다. 나는 줄곧 '쓸데없는 짓'으로 치부되곤 하는 취미들을 한 번씩 거쳐 왔다. 귀여운 스티커를 모은다거나 애니메이션에 과몰입한다거나 자칫하면 눈앞이 깜깜해지는(물리적으로 정말 까맣다) 십자수를 한다거나. 가족은 생산성 없다며 외면했고 지인들은 나를 존중하느라 너만 좋으면 됐지, 하고 웃었다. 원래 취미란 나를 위한 일이다. 다른 사람을 깊이 배려하느라 나를 놓치는 일은 학교나 회사에서면 충분하다. 취미 생활만큼은 나만을 위한 시간이어야 한다. 당연하지만 타인의 편의를 해치라는 말이 아니다.

좋은 건 나누고 싶은 게 사람 마음인지라 만나는 사람마다 뜨개를 권하곤 했다. 하지만 마음처럼 주변인들이 뜨개에 입문하는 일은 없었다. 입을 모아 하는 말이 '어려워 보인다'는 거였다. 진입 장벽이 높아 보일 줄은 몰랐다. 뜨개를 시작하는 데에 장벽은 없다는 걸 보여줘야겠다. 엉망으로 만들고 얼렁뚱땅 마무리 지어도 얼마나 즐거운지, 사람이 입을 옷을 만들려다 강아지 옷이 되어도 마냥 웃긴 뜨개 생활을 공유해야겠다. 실패와 극복의 기록이면 좋겠지만 농담과 좌절의 기록이 더 맞는 표현 같다.

이 책을 펼쳤다는 건 높은 확률로 뜨개를 할 줄 알거나 적어도 뜨개에 관심이 있는 사람일 테다. 앞으로 등장할 작품이 다소 엉성하고 어설퍼도 부디 너그럽게 웃어 주길 바란다. 뜨개에 전혀 흥미가 없다고 해도 괜찮다. 뜨개는 나의 안과 밖을 이어주는 문이다. 좋아하는 음악을 틀어놓고 뜨개하는 동안, 즐거웠던 일은 감정을 곱씹으며 오래도록 기뻐할 수 있고 속으로만 앓던 과한 걱정은 실과 함께 엮어내 밖으로 꺼낼 수 있다. 내게 뜨개가 이렇듯 당신은 당신의 문을 떠올리길 바란다. 모든 취미는 온전한 삶의 향유를 위한 통로이다.

몇 가지 일러둘 사항이 있다. 본문 내 모든 뜨개 행위는 '뜨개질'이 아닌 '뜨개'로 통일해 지칭했다. 사전적 정의를 인용할 경우 뜨개로 바꾸어 인용했으나 원 정의는 모두 '뜨개질'이다. 뜨개를 즐기는 사람을 뜨개인, 뜨개를 접해보지 않은 사람을 비뜨개인으로 적었다. 책을 읽게 될 사람은 모두 당신이다. 뜨개가 나에게 어떤 행복을 주었는지 당신의 행복을 바라는 마음으로 전하겠다.

감정에 치우치거나 딱딱한 정보 전달에 치우치지 않도록 노력했으나, 어떤 글은 뜨개에 집중했고 어떤 글은 경험 전달에 집중했다.

뜨개에 관한 사랑 고백이기도 하고 사랑에 관한 뜨개이기도 하다. 결국 이 책에 언급되는 모든 옷과 소품과 사람들을 사랑한다. 이 책으로 하여금 당신에게 뜨개라는 취미를 소개할 수 있어 기쁘다.

가랑비에 옷 젖는 양 뜨개에 관심을 가지게 만들려는 속셈도 있다. 어느 지역에서는 아무도 참가하지 않는 젓가락 대회도 연다는데 뜨개에 관심 갖는 사람이 많아지면 뜨개 축제 같은 게 지역 행사로 열릴지 누가 아는가. (소규모 프리마켓이나 아트페어에 참가하는 뜨개 부스 말고 진짜 뜨개만 다루는 큰 축제. 만약 이미 있다면 알려 주시라)

쓰고 보니 내 그릇보다 큰 목표를 가지고 시작하는 꼴이 되었다. 그릇이 깨지면 새 그릇을 만들면 된다. 그러니 모두 내 그릇이 깨질 때까지 글을 즐겨 주시라.

오늘도 푸르시오

- V넥 반소매 니트

인터넷에 '푸르시오'라고 검색해보자. 게시글이든 영상이든 아마 열에 아홉은 썸네일과 제목에서부터 화가 잔뜩 났다는 걸 알 수 있을 거다. 영상 속 사람들은 높은 확률로 해탈했거나 슬픔에 잠겨 이미 많이 진행된 목도리/스웨터/가방 등을 하염없이 풀고 있을 거다. 자막에는 눈물 이모지나 'ㅠㅠ' 혹은 느낌표가 붙었을 거고.

뜨개인의 유행어 '푸르시오'는 말 그대로 뜨던 편물을 풀어 낸다는 말이다. 실이 뜨개 바늘을 거쳐 옷이나 소품의 형태를 가지게 되면 편물이라고 부른다. 편물은 손바닥 남짓한 크기일 수도 있고 방바닥을 모두 덮을 만큼 클 수도 있지만 누군가의 노력 끝에 탄생했다는 사실은 같다. '푸르시오'는 이 노력을 없었던 일로 만드는 아주 슬픈 일이다. 물론 문법에 맞지 않는 말이란 걸 알지만 사소한 부분을 하나하나 따지면 신조어나 유행어의 절반은 없어져야 하니 그냥 넘어가도록 하자.

'푸르시오'의 이유는 다양하다. 무늬를 잘못 떠서, 완성하고 보니 원하는 기장보다 길거나 짧아서, 사이즈가 맞지 않아서, 그냥 마음에 들지 않아서. 이런저런 이유로 다 풀고 나면 라면처럼 꼬불

거리는 실 무더기와 마주할 수 있다. 많이 풀수록 라면의 양은 많아진다.

이번에 나도 또 한 번의 '푸르시오'를 경험했다. 앞서 말한 이유 중 어느 것에도 해당하지 않는 이유였다. 남자친구를 위해 뜨던 니트가 있었는데 반쯤 진행했을 때 헤어졌기 때문이다. 목둘레부디 시작해 밑단으로 내려오는 톱-다운 방식으로 뜨던 옷이었고, 소매 분리까지 마쳤을 때였다. 4년간 만났던 사람과의 이별이었다. 내 인생 가장 오랜 기간 만난 연인이었고 첫사랑이자 결혼 이야기를 나누던 사람이었다. 헤어지지 않았으면 더 좋았겠지만 완성하기 전에 헤어진 게 불행 중 다행이라며 자기 위안했다. 이미 헤어진 건 내가 어쩔 수 있는 게 아니니까. 화가 나진 않았다. 서로에게 최선을 다했고 노력했지만 이제 달라질 게 없다며 그가 달랑 보낸 이별 문자 한 통이 황당했을 뿐.

헤어진 다음 날 바늘을 빼내고 실을 풀었다. 여가를 뜨개에 몽땅 쏟는 내가, '푸르시오' 경험이 한두 번이 아닌 내가 이렇게 허망하게 실을 풀었던 적이 있던가. 조금이라도 빨리 풀어야 그를 잊는 데 도움이 될 거라고 생각했지만 당연하게도 바늘만 빼낸다고 사람이 쉽게 잊힐 리는 없었다. 가슴 밑부분까지 떠 놓았던 편물을 모두 푸는 데는 5분이 채 걸리지 않았다. 분명 뜨는 건 5일이 족히 걸렸던 것 같은데 이렇게 쉽고 간단하게 풀리다니. 내가 풀었으면서 공연히 실이 원망스러웠다.

상념을 뒤로 하고 어지럽게 쌓인 실을 동그랗게 다시 감아 놓았다. 새로운 무언가를 뜨기에 전혀 문제가 없는 실이지만 새것과는 역시 차이가 컸다. 와인더[1]도 없이 손으로 감아 불규칙한 원형이었고, 실 사이 틈이라고는 없어 단단한 공 같았다. 주먹만 한 크기로 감아 놓은 볼실을 새로 사면 안쪽에서부터 끝 실을 찾아 꺼내 부드럽게 뜨개를 이어갈 수 있는데, 이 크고 단단한 공은 안쪽 공간이 없어 겉에서부터 실을 풀어 써야 한다. 겉에서 실을 풀 경우 자칫하면 실 공이 오만 군데 굴러다니는 일이 생길 수 있어 선호하지 않지만, 이번엔 방법이 없었다. 하긴, 새로 시작하는 데 문제만 없다면야 이런들 어떻고 저런들 어떻겠나.

그에게 주려던 니트의 사이즈를 줄여 내가 입을 니트로 다시 떴다. 특별한 무늬나 기법 없이 원형으로 쭉 떠 내려 오는 디자인이라 그리 오래 걸리지 않았다. 글을 쓰다가, 일을 하다가, 영화를 보다가 문득 그가 떠오르면 옷을 떴다.

완성하고 입어보니 여전히 컸다. 키 차이만 15cm가 나는 사람을 위한 옷이었으니 조금 줄인다고 해도 여전히 큰 건 어쩔 수 없었다. 그래도 마음에 들었다. 정확한 제도나 콧수 계산 없이 뜬 것 치고는 꽤 괜찮은 옷이었다. 소요 기간은 약 2주. 시간 틈새를 이용했다는 걸 고려하면 빨리 뜬 편이다. 그만큼 그의 생각을 많이 했다는 뜻이기도 했다.

---

[1] 실을 감거나 감아두는 도구.

 사용한 실은 필 루스티크, 면 65%, 레이온 25%, 리넨 10%가 섞인 혼방사다. 50g짜리 한 볼에 8,000원이었는데 지금은 절판되었는지 구매할 수 없는 실이 되었다. 나는 아주 옛날에 쟁여뒀던 실이라 옷장 구석에서 꺼내 만들었다. 민무늬에 긴소매 옷을 기준으로 하나 뜨는데 보통 300~400g 내외가 들어가는 걸 감안하면 꽤 비싼 실이다. 리넨과 면이 섞여 살에 마냥 달라붙지 않고 통기성이 좋아 여름에 사용하기 괜찮은 실이었다. 4.5mm 대바늘로 떴더니 코가 성글지 않고 적당히 촘촘한 짜임새. 참고로, 처음에 5mm 바늘로 떴다가 너무 성글어 빠르게 '푸르시오'했다.

 원래 의도와는 다르게 옷의 대상이 나로 바뀌었지만 만족한다. 아주, 아주 작은 문제가 한 가지 있다면 이 옷을 입을 때마다 그가 생각난다는 것. 잊으려고 뜬 옷을 입으며 잊지 못한 사람을 떠올린다는 게 우습기도 하다. 처음에 그를 생각하며 떴던 탓인지 옷이 자꾸 그에게 가기를 원하는 것 같다. 공교롭게도 이 옷을 입고 나가는 날에는 항상 그와 갔던 장소를 혼자 가게 된다. 우연이라기엔 필연이다. 오래 만난 사람과는 당연히 추억이 많을 수밖에 없고 추억이 많다는 건 온갖 곳이 그를 떠올리게 하는 지뢰밭이나 다름없다는 말이다. 그래도 '어떻게 발길 닿는 곳마다 그와 함께했던 기억이 있을까' 하며 이 옷이 그에게 가고 싶어 하는 게 틀림없다는 비약도 서슴지 않았다. 옷이 아니라 내가 그를 보고 싶어 하는 게 아니냐고 묻는다면 할 말은 없다.

뜨개를 시작한 지 어언 3년이 넘었고 취미로 시작했지만, 진심이 된 지는 1년 정도 되었다. 사랑하는 사람에게 손뜨개를 선물한 것도 내 사랑 표현의 일부였다. 입으로 사랑을 말하는 데 익숙하지 않아 손으로 사랑을 전하곤 했다. 정작 나는 그가 하는 달콤한 말들을 그렇게 좋아했으면서 말이다. 아쉽게도 니트는 주지 못했지만, 그에게는 내가 뜬 목도리가 있다. 생일이었는지 기념일이었는지 그냥 주고 싶었는지, 이유는 기억나지 않지만, 그가 좋아하던 모습만은 또렷하다.

헤어지자고 말하며 당장에 버렸을까? 아니면 아직 여름이니 옷장 구석에 숨어 있는 목도리는 까맣게 잊고 있을까. 아마 그의 성격상 날씨가 쌀쌀해져 옷장을 정리할 때나 되어야 발견할 확률이 높다. 그럼 그는 목도리를 보며 잠깐이라도 내 생각을 할까? 고동색 목도리를 두르며 고맙다고 말하던 목소리가 아직도 생생한데, 조금 더 빨리 떴으면 옷도 줄 수 있었을 텐데. 후회해도 방법은 없다.

다음에는 무늬가 잔뜩 들어간 옷을 뜨고 싶다. 완성까지 더 오래 걸리겠지만 무늬가 많으면 뜨는 재미가 몇 배로 커진다. 아직 도안도 실도 생각해 둔 건 없어도 이번 여름 안에 떠서 입고 다닐 생각을 하니 벌써 설렌다. 만약 완성했을 때 이미 여름이 다 지나갔다면 화를 한 번 내고 다음 여름을 기다리면 된다. 여름은 또 온다. 내가 원하지 않아도 올 여름은 온다.

상대적 효능감

- 변형 고무 목도리

뜨개가 취미라고 하면 인내심이 많고 끈기 있는 사람으로 보이나 보다. 영화 감상이나 독서를 취미 예시로 들 때보다 뜨개를 언급할 때 보통 상대가 더 큰 반응을 한다. 대부분 멋지다거나 대단하다는 말로 당황스러울 정도의 긍정적 반응을 해주곤 하는데, 뜨개란 인고의 산물이라는 전제가 바탕이 되지 않았나 싶다.

안타깝게도 나는 참을성도 없고 쉽게 화가 나며 꼼꼼하지도 않다. 그런 내가 어쩌다 뜨개에 손을 댔냐 하면 어느 유튜버의 추천 때문이었다. 뜨개를 전문으로 다루는 유튜버는 아니었고 주로 자신의 일상을 담는 브이로그 유튜버였는데, 오늘 하루가 굉장히 힘들었다며 심신을 가라앉힐 방안으로 시작한 뜨개가 도움이 되었다고 했다. 배경음악도 없이 실이 쪼르르 걸린 대바늘을 휘적휘적 움직이다가 끝난 영상을 보고 나도 뜨개를 해야겠다는 생각이 들었다. 아직도 정확한 이유를 모르겠다. 어떤 도안을 떴다며 상세하게 설명해 주지도 않았고 무슨 실과 바늘을 사용했는지, 그래서 뭘 뜨고 있는지 전혀 알려 주지 않았다. 그저 자막으로 힘든 이야기를 풀어내는 영상이었는데 그걸 보고 나는 왜 뜨개를 해야겠다는 생각이 들었을까. 모처럼 월차를 썼는데 하릴없이 누워 있는 게 너무 지겨웠던 탓이었을까.

숨죽이며 시청했던 영상 속 뜨개와 달리 막상 실과 바늘을 쥔 내 손은 참 바보같이 움직였다. 처음 해보는 주제에 '그럴 듯'해 보이는 작품을 뜨고 싶어 안달 났었다. 처음부터 고난도 도안을 시도하기엔 겉뜨기 안뜨기밖에 할 줄 모르는 내가 ssk[2], k2tog[3], M1L[4]과 같은 약어만 보고 곧장 따라할 수 있을 리가 없었다. 게다가 어려운 만큼 완성까지 갈 길이 구만리라 중간에 흥미가 식을 게 뻔했다. 그렇다고 예쁘지 않은 결과물은 원하지 않았다. 그렇게 열심히 고르고 골라 '예쁘다'는 주관적 기준을 통과한 대망의 첫 뜨개는 바로 변형 고무 목도리였다.

우선 고무뜨기는 보통 소매 끝과 목둘레 마감에 사용하는 기법이다. 겉뜨기와 안뜨기를 한 코씩 반복하면 신축성 좋은 고무단이 완성된다. 흔히 기성 옷에서 '시보리'라고 말하는 밴딩 부분이다. 겉뜨기와 안뜨기를 몇 코씩 반복하는지에 따라 한 코 고무뜨기, 두 코 고무뜨기가 되는데 '변형 고무'라고 하면 '한 코 거르고 두 코 모아 겉뜨기'를 반복하는 고무단이다. 걸러 내는 한 코와 모아 뜨는 두 코가 한 세트가 되어 반복해야 하기 때문에 전체 코를 3의 배수로 잡는 게 일반적이다. 안뜨기도 필요 없이 겉뜨기만 할 줄 알면 되기에 난도는 0에 수렴하는 데다가 도톰하고 정갈한 목도리를 만들 수 있다. 왕초보를 위한 예쁜 목도리가 실존하다니!

---

2 왼코 줄이기(오른코 모아뜨기)

3 오른코 줄이기(왼코 모아뜨기)

4 왼코 늘리기

 사용한 실은 엘리트 1008번, 빨간색이다. 파인 울 100%로, 권장 바늘은 5mm지만 더 촘촘하게 뜨고 싶어 4.5mm 바늘을 사용했다. 완성한 편물은 부드러우면서도 탄탄했고 고무뜨기 특유의 무늬가 잘 보여서 좋았다. 100g에 만 원 내외로 살 수 있으니 초보자가 도전하기에 부담이 크지 않았다.

 빨갛고 예쁜 목도리. 하지만 손이 잘 가지는 않았다. 너무 새빨간 색이라 엄두가 안 났다. 직접 고른 실로 떠 놓고 무슨 말인가 싶겠지만 막상 완성하고 나니 내 목에 두르기에는 지나치게 예쁘다고나 할까. 내가 맨 것보다 옷걸이에 걸어 놓은 모습이 훨씬 잘 어울렸다.

 사실 이날 쓴 월차도 등 떠밀려 억지로 쓴 거나 다름없었다. 당시

다니던 직장에서는 월말이 되면 다음 달 희망 월차를 신청받아 취합해 조율하는 시스템이었는데, 특정 일자에 많은 사람이 쉬지 못 하도록 하기 위함이었다. 자연스레 연차가 높은 사람이 원하는 날짜를 먼저 정하면 다른 사람들은 쉽게 해당 날짜를 건드릴 수 없었다. 그러다 보니 금요일에는 항상 쉬는 사람만 쉴 수 있었는데, 이게 웬걸. 월차 신청 마감일까지 금요일 휴무 신청을 아무도 안 한 게 아닌가! 나도 금요일에 쉴 수 있는 기회가 온 건가! 신이 나 해당 일자에 월차를 신청했고 그대로 통과되었다.

시간이 지나 내 소중한 금요일 월차가 있는 주가 시작되었다. 월요일이지만, 심지어 비가 오는 월요일 출근길이었지만 금요일에 쉴 수 있다는 생각만으로 들떠있었다. 조언을 빙자한 비난의 목소리가 들릴 때까지도 괜찮았는데 점심시간부터 모든 게 망가졌다. 평소에 친하지 않은, 그래서 말 거는 게 달갑지 않은 상사가 부탁을 해왔다. 금요일에 정말 중요한 약속이 생겼다며 본인 월차와 일정을 바꾸자고 했다. 어쩐지 하루가 즐겁더라니 이런 복병이 생길 줄이야. 금요일 월차가 통과되는 게 얼마나 흔치 않은 기회인지 구태여 내가 설명하지 않아도 상사는 잘 알고 있었다. '그걸 이렇게 날로 먹으려고 하다니, 도둑놈 심보가 아닌가!'하고 거절하기엔 상사의 표정이 정말 긴박해 보였고 정확히 설명하지 못하는 '중요한 약속'의 정체가 혹여 누군가의 존망이 걸린 일이면 어쩌나 하는 생각에 교환을 수락했다. 수락하고 보니 상사의 월차는 당장 내일이었다. 싫은 내색 없이 교환했으므로 내일이란 걸 알았다고 한들 이제 와 무를 수 없는 일이었다.

 예상하지 못한 휴무는 전혀 기쁘지 않았다. 하루쯤 내가 없어도 회사에 남아 있는 사람들이 아무 불편을 느끼지 않도록 만들기 위해 평소보다 곱절은 바쁜 오후를 보냈다. 급작스러운 휴무는 급작스러운 야근을 낳을 뿐이다. 응애.

 9시가 넘어서 퇴근했고 집에 도착하니 열한 시였다. 겨우 씻고 잠들어 다음 날 일어났을 때는 오후 한 시였으니 눈을 뜨자마자 휴무의 반이 날아간 셈이었다. 침대에서 나오지도 않고 휴대폰을 들었을 때 본 게 바로 그 영상이었던 거다. 사부작사부작 고요하고 천천히 실을 엮는 영상.

 별안간 뜨기 시작한 목도리라도 없었다면 정말 하루가 의미 없었을 텐데 다행히 내 손에는 목도리라도 남았다. 부담스러워 손이 잘 가지 않는 게 흠이지만, 빠르게 완성한, 그럴듯한 결과물. 오늘의 나는 무언가 직접 만들어 냈다는 사실에 안도감마저 선사하는 목도리. 내 의도와 정확하게 들어맞는 목도리를 보니 성취감이 불타올랐다. 계기나 의지에만 불이 붙는 게 아니다. 불타오르는 성취는 아무도 말릴 수 없다. 성취를 계속해서 맛보려면 시도해야 하고, 시도할 수 있는 계기가 성취인, 꼬리를 무는 무한 굴레가 시작된 거다.

 그 주에만 다섯 개의 목도리를 떴다. 색만 다른, 같은 디자인의 목도리를 굳이 다섯 개씩이나 뜬 건 하나를 끝낼 때마다 느끼는 짜릿함 때문이었다. 아마 이게 도파민 중독 아닐까. 반대로 회사에서는 일이 밀릴 대로 밀렸다. 보고서나 기획안은 모조리 반려당했고 문의에 제대로 답변도 하지 못했다. 그냥 일이 잘 안 됐다. 일이 고달프니 집에 가서 뜨개할 생각만 하고 있는 월급 도둑의 삶을 잠깐 살았다.

목도리가 여러 개면 뭐하나. 내 목은 하나라서 이렇게 많은 목도리는 필요 없었다. 기린, 아니 사슴의 목 길이만 되었어도 다 맬 수 있었을지 모르는데, 아쉬운 일이다. 곰곰이 생각하다 소중한 사람들에게 하나씩 선물했다. 가족과 친구들에게 나눠 주니 이게 웬 목도리냐고 묻는데 딱히 둘러댈 말이 없었다. 마침 12월이었고 중순이 막 넘어가는 시기였던 터라 크리스마스 선물이라며 대충 넘어갔던 기억이 난다.

이상하다. 여러 사람 나눠 주고 하나 남은 목도리가 빨간색이다. 일부러 남기려고 한 건 아닌데 처음 떴던 빨간색 목도리만 남았다. 나는 사실 마음속으로 빨간 목도리를 두르고 싶었던 건가, 하며 고민하는 사이 시간은 지나 지겨운 월요일이 돌아왔다. 목도리 기계로 살았던 한 주가 아깝기도 했고 주말 사이 부쩍 날씨가 추워져 목도리를 둘러매고 출근했는데, 상사는 날 보자마자 하소연했다.

금요일에—내게서 뺏어간 그 월차— 있다던 중요한 일정의 정체는 바로 애인과 리조트를 가는 것이었는데, 눈이 너무 많이 내려 아무것도 못 하고 방 안에만 갇혀 있었단다. 일부러 추가금을 내고 예약한 야외 온수풀은 안전상의 이유로 출입 금지였고, 일찍 바깥으로 나가려고 해도 눈길 운전이 막막해 포기했다고 한다.

나는 적당히 웃으며 맞장구를 치다가 화장실로 자리를 피했다. 계속 그 얘기를 듣고 있다가는 표정 관리에 실패해 한소리 들을 것 같았다. 상사의 이야기가 처음에는 어처구니없었고 나중에는 웃겼다. 짐짓 심각한 표정의 정체가 고작 리조트 여행이었다는 건 예상하지 못한 사실이다. 세면대 앞에 가만히 서서 생각해 보았다. 할 일이 산더미고 지난주에 망쳐 놓은 보고서며 결재 서류가 머릿속에서 휙 지나갔다. 동시에 강원도 빙판길을 내려오며 일곱 시간을 넘게 운전했다는 상사의 모습이 오버랩 되며 웃음이 났다.

거울을 보는데 어쩐지 빨간 목도리가 나쁘지 않아 보였다. 아, 이번 주는 일이 잘 될 것 같다, 는 느낌이 들었다. 실제로 지난주에 엎어진 기획안을 살려냈고 성과가 좋아 인센티브도 받았다. 나는 참 알기 쉬운 인간이다. 잘 흔들리는 만큼 잘 회복한다. 목도리에서 시작된 작은 성취는 시간과 노력을 먹고 자라 커다란 효능감이 되었다. 같은 목도리임에도 어제와 오늘 다르게 보이는 이유는 뭔지, 알다가도 모르겠다.

명품 가방 하나도 부러워
- 그래니[5] 스퀘어 가방

　필요 이상의 돈이나 물건을 쓰거나 분수에 지나친 생활을 함.

　사치의 사전적 정의다. 키포인트는 '분수에 지나친'이라는 부분이다. 상대적 개념이라는 말이다. 연봉으로 이천사백만 원 받는 사회 초년생이 백만 원짜리 명품 지갑을 들고 다니는 건 사치지만, 한 달에 이천사백만 원씩 세를 걷는 건물주가 오백만 원짜리 가방을 메는 건 사치가 아니다.

　나를 객관적 시선으로 판단한 결과, 내 사치 경계는 이십만 원쯤 된다. 중요하거나 꼭 하고 싶은 일에는 이십만 원까지 쓸 수 있으나 그 위로는 부담스럽다. 주로 축의금이나 조의금, 누군가의 생일을 챙길 때 마음 속 한도에 근접하는 돈을 쓴다. 세상일이 항상 마음먹은 대로 흘러가는 게 아니니 간혹 예상하지 못한 지출이 생기곤 하는데, 그럴 때마다 조바심이 난다. 다음 달 생활비에서 또 얼마를 아껴야 하나 걱정이 많다.

　취미가 많지만 개중 다행인 건 옷이나 가방에 욕심이 없다. 쇼핑

5　할머니를 뜻하는 영단어 Granny로, 할머니가 손수 만든 느낌을 가진 패션 스타일을 말한다.

몰을 이리저리 돌아다니며 몇 시간씩 옷을 고르는 건 나에겐 너무나 지치는 일이라 일 년에 한 번에서 두 번 마음 단단히 먹고 비장하게 나서는 게 전부다. 대신 질 좋은 제품을 사 오래 입는다. 십 년 넘은 잠옷도 있고 스물세 살에 산 롱패딩을 여즉 겨울마다 꺼내 입으며 8년 째 메고 다닌 가방 어깨끈은 너덜너덜하다. 치장에 쓸 돈을 책이나 뜨개실, 스티커와 다이어리에 쓰느라 바쁘니 그다지 절약하는 삶은 아니다. 내 삶에는 치장보다 우선순위를 차지하는 요소가 많아 옷 등에 욕심을 부리지 못할 뿐이다.

여기서 욕심을 부리지 않는다는 게, 관심이 없다는 건 아니다. 누군가 선물하면 절대 거절하는 법이 없고 남들이 가진 명품을 보고 부럽다는 생각도 한다. 경제력이 허락하지 않을 뿐이다. 전에 어느 브랜드에서 넉넉한 수납공간을 자랑하는 가죽 가방을 선보인 적이 있다. 내가 봐왔던 명품 가방은 크기가 작아 지갑이나 겨우 들어갈까 걱정해야 하는 제품이 대부분이었는데, 이번에 새로 나왔다는 가방은 안쪽 공간이 널찍하니 마음에 들었다. 가격을 확인해 봤더니 이백만 원이었나 이백오십만 원이었나. 기억은 잘 안 나지만 곧바로 창을 껐던 건 분명하다. 나는 대학 입학 선물로 아빠가 사준 삼십만 원짜리 가방을 8년 째 메고 있는 사람이라고. 갑자기 이백만 원짜리 가방을 어떻게 사냔 말이야. 여기서 내가 할 수 있는 건 그저 튼튼한 가방을 손수 만드는 일이다. 오늘도 얼렁뚱땅 실을 살 구실을 만든다. 만 원 내지 이만 원만 투자하면 직접 만드는 재미도 있고 가방이라는 결과물도 남으니 일석이조 아닌가! 합리화의 귀재가 바로 나다. 삼만 원을 열 번만 쓰면 삼십만 원이라는 것도 잊어버리고서는.

사용한 실이 중고 거래로 업어온 실이라 정보가 없다. 실을 사고 싶은 마음과 소비를 줄이고 싶은 마음이 동시에 들면 간혹 중고 거래 앱에서 실을 산다. 뜨개를 취미로 삼고 있는 사람들이거나 적어도 취미로 삼으려고 했던 사람들이 판매자가 되는 경우가 많기 때문에 실의 이름 정도는 알 수 있지만, 이번에 산 실은 이른바 '묻지마' 태그가 붙은 실로써 아무도 그 정체를 모른다. 판매자도 모른다. 정보도 없고 실물로 보지도 못한 실을 구매한다는 리스크를 안고 과감히 샀는데 꽤 괜찮은 실이었다. 추측하자면 면과 아크릴이 섞인 혼방사가 아닐까 싶다.

노란빛이 조금 많이 도는 아이보리색 실이었는데 네 겹이 합사되어 있어 한 겹씩 분리하는 게 뜨는 과정보다 더 오래 걸렸다. 여러 겹으로 합사하는 건 정말 쉽지만 다시 분리하는 건 너무 힘들다. 하루 꼬박 실만 분리했다. 장인이 한 땀 한 땀 전 과정을 손수 제작한다는 어느 명품 브랜드는 가방 하나 만드는 데에 몇 개월씩 걸린다는데, 나도 내 가방을 만드는 시간 만큼은 장인의 혼을 담아 만드는 거라고 치자.

3.5mm 코바늘을 사용했고 바닥면부터 시작해 옆면을 타고 올라오면서 쭉 뜨면 된다. 각 옆면의 중앙 부분을 모아뜨면 V자로 파인 그래니 스퀘어 가방이 완성된다. 나는 나중에 어깨끈을 떠 이어 붙였는데 시중에 파는 가죽끈을 달아도 예쁠 것 같다. 난도는 0에 가까울 정도로 쉽다. 한길긴뜨기와 빼뜨기만 할 수 있다면 누구나 무리 없이 완성할 수 있는 가방이다. 다만 코바늘은 한 코씩 쌓아 올리는 방식인 만큼 손목에 부담이 갈 수 있으니 꼭 충분히 휴식하며 뜨는 게 좋다.

완성하고 나니 안쪽이 꽤 넓어 수납력이 좋다. 딱 내가 가지고 싶었던 가방이다. 조그만 문제가 있다면 실이 생각보다 포근해 여름에 들고 다니면 손에 땀이 찬다. 어깨에 메면 어깨에, 무릎에 올려놓으면 무릎에 땀이 찬다. 장인의 혼을 담는다니 뭐니 하며 거창하게 만들어 놓고 날이 쌀쌀해질 때까지 기다려야 메고 다닐 수 있겠다. 뜰 때는 실이 더운 재질이라고 전혀 생각하지 못한 걸 보면 어지간히 가방을 만들고 싶었나 보다.

자, 다시 원점으로 돌아왔다. 나는 수납력 좋은 가방이 필요하고 마음에 든 명품 가방은 이백만 원이 넘고, 기껏 뜬 가방은 가을에나

멜 수 있다. 그렇다면 어쩔 수 없이 다른 가방을 사는 수밖에! 사지 않으려고 이렇고 저런 노력을 했는데도 뜻대로 되지 않았는걸. 정말 어쩔 수 없이 사는 거야. 나는 큰 결심을 하고 가방을 샀다. 브랜드 로고 박힌 명품 대신 만 원짜리 군용 배낭을.

수납은 말할 것도 없고 허리와 가슴에 고정 장치도 있는 군장 배낭이다. 이걸 군대에서 쓰는지 잘은 모르겠지만 군인 남자친구에게 선물했다는 여성들의 후기가 잔뜩이었다. 실제 군장을 이 가방으로 싸는 건 말도 안 되니 아마 짐을 보관하는 용도로 쓰지 않았을까 싶다. 최저가로 찾아 샀더니 공장 냄새가 많이 났다. 지퍼란 지퍼는 모두 열고 빨래 건조대에 사흘을 널어두니 겨우 냄새가 빠졌다. 돈도 써본 놈이 쓴다고, 나는 맨정신으로 그만한 돈을 턱턱 쓰기엔 아직 마음의 준비가 되지 않았다.

내가 정말 부러운 건 제품가에 연연하지 않는 여유인 것 같다. 영화 '아가씨'에서 하정우의 대사를 들은 뒤로 종종 떠올리는 말이다. 사실 돈 자체에는 관심이 없다. 정말로 탐하는 건 가격을 보지 않고 포도주를 주문하는 태도, 하는 대사다. 영화 제3부 시작 장면에 나온다.

분수와 사정에 맞는 한도 내에서 합리적으로 소비를 했건만 속으로는 여전히 어느 명품 가방이 계속 떠올랐다. 군용 배낭을 메고 다니며 허영으로 일렁이는 마음을 잠재웠다. 가방은 2박 3일짜리 여행 짐을 싸도 무리 없을 만큼 넓고 튼튼했다. 겨울이 다가오면 서랍 속에 넣어둔 코바늘 가방을 꺼내 또 마음을 가라앉혀야겠다. 언젠가 가격을 신경 쓰지 않고 과감히 물건을 고르는 날이 오기를 기다리면서 말이다.

성공과 실패 사이
- 모로칸 블랭킷(이었던 것)

 지난 코바늘 가방을 뜬 뒤로 얼마간 대바늘 뜨개에 푹 빠졌다. 큰 작품을 뜬 건 아니지만 여러 무늬나 기법을 연습하고 익혔다. 새로 익혀도 곧잘 잊어버려 어차피 또 찾아봐야 할 게 뻔하지만 어쨌든 연습은 했다.
 그러다 한 달 만에 코바늘을 들었다. 에어컨 바람에서 날 지켜줄 여름 담요를 뜨기 위해서다. 불볕더위에 맞서 실내를 냉골로 만들어 놓는 가게들 덕분에 한여름에도 초겨울을 간접 체험할 수 있다. 면역력이 박살난 나로서는 10도가 넘는 급격한 온도차를 견딜 수 없어 감기에 쉽게 걸리고 만다. 개도 안 걸린다는 여름 감기를 꼭 겪어야 가을을 맞이한다. 이번 여름에는 건강한 사람으로 여름을 지나기 위해 가볍고 휴대하기 편한 외출용 담요를 뜨려고 했다.
 딱히 대바늘과 코바늘을 가리는 편은 아니지만 이번 뜨개에는 코바늘이 좋겠다는 생각을 했다. 손바닥만 한 모티브를 이어 붙여 반복되는 무늬가 있는 담요를 가지고 싶었는데, 그 반복이 특별하길 원했다. 사각 모티브는 흔해서 싫었고 배색이 많은 건 시간이 오래 걸리는 데다 준비해야 할 실이 많아지니 싫었다. 흔하지 않은 디자인이면서 단순하지만 화려한, 광고 회사에서 싫어할 것 같은 문장이 머리에 맴돌았다. 무엇보다 중요한 건 빠르게 완성할 수 있어야 한다는 것. 여전히 적은 노력으로 큰 성취감을 느끼고 싶어 하는 놀부 마인드에서 빠져나오지 못한 상태다. 어쨌든, 아주 다양한 조건으로 엄중히 고른 디자인은 모로칸 패턴이다. 정확히는 'Moroccan trellis pattern'이라고 하는데, 호리병 모양의 이국적인 무늬가 특징이다.

도안을 따로 찾아봤으나 깔끔하게 정리한 도안을 찾지 못해 유튜브 영상을 참고했다(채널명 '라리핸즈'의 '모로칸 모티브 블랭킷' 영상이다). 영상 속 선생님이 아주 친절히 설명해 주신 덕분에 어렵지 않게 뜨기 시작했다. 한길긴뜨기와 짧은뜨기만 이용하면 뜰 수 있고 어느 부분에서 코를 늘리고 줄여야 하는지 영상으로 상세히 보여 주니 그대로 따라 하기만 하면 완성할 수 있다. 일단 손에 익히기만 하면 같은 모티브를 여러 장 뜨는 건 어려운 일이 아니다.

모티브란 전체 편물을 구성하고 있는 작은 편물, 혹은 그 반복을 말한다. 예를 들어 가로와 세로 길이가 5cm인 작은 사각 편물을 만들었다고 하자. 이제 색만 바꿔가며 같은 사각 편물을 20개쯤 만든 뒤 이어 붙여 가로와 세로 길이가 25cm인 커다란 편물을 만들었다고 했을 때, 이 전체 편물에 대한 모티브는 아까 만들었던 작은 사각 편물이 된다. 모티브 한 개의 크기는 얼마 되지 않지만 모두 잇고 난 뒤에는 옷이 될 수도, 담요가 될 수도, 러그가 될 수도 있다.

뜨개는 자전거 타기와 같아서 한번 익혀 놓으면 자연스레 손이 움직인다. 신나게 페달을 밟은 어린 아이처럼 내 손도 순조롭게 움직였다. 문제는 같은 모티브를 스무 개나 만들어야 한다는 거다. 그리 크지 않은 모티브라 스무 개라고 해도 만드는 시간은 그리 오래 걸리지 않겠지만 스무 개를 뜨기 전에 질릴 확률이 다분하다. 아, 자전거에 비유하며 자연스럽게 손이 움직인다고 써 놨지만 사실 나는 태어나서 자전거를 한번도 타본 적이 없는 사람이다.

열 개쯤 떴나 싶어 세어 보니 일곱 개다. 예상대로 질리고 말았다. 미리 그림까지 그려가며 어떤 색으로 몇 장씩 떠서 어떻게 배치할까 신나게 고민했던 게 바로 두 시간 전인데, 고작 두 시간 만에 물려버렸다. 굉장히 맛있게 먹었던 기억으로 오랜만에 입에 댄 음식이 세 입 만에 물린 느낌이다. 첫 입은 마냥 맛있었고 두 번째 입도 만족스러웠는데 세 번째 숟가락부터 예상 가능한 맛이 달갑지 않다.

한번 질리고 나면 뜨는 속도가 확연히 줄어든다. 지겹고 지루하다는 생각이 정신을 지배해 몸에도 영향을 준다. 괜히 손목과 어깨가 아프고 아까 먹은 밥이 벌써 소화됐는지 배가 고팠다. 다 기분 탓이다. 끊임없이 한길긴뜨기와 짧은뜨기를 반복하는 손이 지칠 대로 지쳐 혼자 움직일 때쯤이면 20개가 완성되었어야 하는데… 망했다. 실이 모자라다.

오늘도 내 뜨개는 화를 내지 않고는 넘어갈 수 없나 보다. 고작 열두 개를 떴는데 실이 없다! 새로 사면 간단한 일에 어째서 화를 내냐 묻겠지만 그걸 내가 모르겠는가. 새 실을 살 수 없으니까 화가 나는 거지. 정말 옛날에 동대문으로 실 구경을 갔다가 지하상가에서 산 램스울[6]인데 그 가게의 위치도 이름도 사장님 얼굴도 기억나지 않는다. 램스울이라는 사실 하나만 기억한다. 라벨도 포장도 없이 동글동글 낱볼로 감겨 쌓아 놓고 파는 지하상가발 램스울. 현금으로 사면 10퍼센트를 할인해줬던 영수증 없는 램스울.

이런 지하상가 램스울은 파는 곳미디 색상과 질감이 조금씩 달라서 다른 곳에서 비슷한 색을 구했다고 한들 섞어서 쓸 수가 없다. 이 집에서는 밝은 노랑을 샀는데 저 집에서는 어두운 노랑을 파는 식이다. 그냥 실로 있을 때는 바로 옆에 둬도 티가 잘 나지 않을 수 있지만 편물로 떠서 비교하면 색이 많이 다르다. 그럼 이제 어떻게 해야 할까. 내가 구상한 배치로는 이미 완성이 물 건너갔는데. 잠시 고민하다 일단 떠 놓은 열두 개만이라도 이어 붙여 보기로 했다.

---

6 어린 양의 털로 만든 실. 띠지에 정확한 성분 표시가 없다면 램스울과 기타 모질이 섞였을 확률이 높다.

노란색, 하늘색, 연분홍색의 모티브에 흰 실로 테두리를 둘러 이어줬다. 당초 기획했던 크기보다 반이나 작은 무언가가 만들어졌다. 어깨에 두르기에는 턱없이 작고 방석으로 쓰기도 애매한 모양새, 미니 러그 대용으로 화분 밑에 깔아두기에는 세탁하기 곤란한 뜨개 재질. 차르르하니 하늘하늘한 담요를 뜨려고 했던 건데 생각보다 단단한 편물이다. 하나부터 열까지 예상대로 된 게 없는 엉망진창 쓸모없는 뜨개였다. 싫어하는 돗바느질[7]까지 하면서 얼렁뚱땅 만들어 놨는데 이렇게 별로일 줄이야.

어디에 쓸지는 모르겠지만 그래도 완성했으니 초벌 세탁은 해 둬야지. 세면대에 물을 받아 샴푸를 풀고 손을 휘저어 거품을 냈다. 원래라면 가장 기대되는 순간일 세탁 시간이 전혀 반갑지 않았다. 5분 정도 거품에 담근 편물을 조물거리니 손때와 먼지로 뿌연 구정물이 나왔다. 매번 뜨개하기 전에 깨끗하게 손을 씻고 핸드크림을 바르는데도 꼭 구정물이 나온다. 깨끗해진 편물을 건조대에 널어놓고 계속 고민했다. 노란색과 하늘색의 조합이 예쁜데 아무리 생각해도 쓸모가 없다. 뭐라고 불러야 할지도 모르겠다. 담요? 담요가 되려던 것? 실패작?

선풍기를 건조대 방향으로 틀어 놓고 빨리 마르길 기다리며 집안을 이리저리 돌아다녔다. 벽에 장식처럼 걸어둬 볼까. 아니야, 이상해. 그럼 애매해도 그냥 방석처럼 써볼까. 푹신한 것도 아니고, 크기

---

7 돗바늘을 이용한 바느질. 뜨개에서 이용하는 크고 두꺼운 바늘을 돗바늘이라고 한다.

가 맞는 의자도 없어. 이것도 이상하고 저것도 이상해. 대체 어디에 써야 하는 거야.

세탁기 탈수와 선풍기 바람의 조합으로 편물은 아주 금방 말랐다. 원래 손세탁 후 자연건조가 기본이지만, 코바늘 편물은 대바늘 편물에 비해 튼튼한 편이리 종종 세탁기의 힘을 빌리곤 힌다(강힌 편물만이 내게서 살아남을 수 있다). 이제 정말 자리를 찾아 줘야 할 때가 왔다. 고민만 거듭하고 있는데 뒤에서 동생이 다가왔다.

"뭐야? 새로 떴어?"

"응. 근데 망해서 버려야 하나 고민 중."

"괜찮은데 왜. 저기 소파 위에 올려놔 봐."

동생 말대로 소파에 올려두고는 다음은 뭐냐는 눈빛으로 동생을 쳐다보았다. 동생은 응, 예쁘네, 하더니 그대로 방에 들어가려고 했다. 그냥 올려두는 건 아무런 효용 가치가 없잖아. 이 뜨개에 뭐라도 역할을 주고 싶은데! 동생은 반대로 날 이상하게 쳐다보았다.

"언니. 저게 꼭 무언가에 쓰이지 않아도 되잖아. 굳이 이름을 붙이고 싶으면 인테리어 소품이라고 생각하든가. 저거 봐. 소파랑 얼마나 잘 어울려? 귀엽기만 하고만."

예쁜 물건은 예쁜 게 역할이라며 방으로 휙 들어간 동생을 보면서 나도 혼자 고개를 끄덕였다. 맞는 말인 것 같았다. 모로칸 블랭킷이 되려고 했던 편물은 인테리어 소품이 되어 그 역할을 충실하게 수행하고 있다. 언제 변덕을 부려 소파에서 사라질지는 모르겠으나 일단 이렇게 두기로 했다. 가끔은 목적 없는 뜨개도 괜찮을지 모르겠다.

그냥 하는 마음
- 스크류 썸머 니트

다시 대바늘로 돌아와 도안을 검색했다. 이번 여름 두 번째 니트를 만들기 위해서다. 손으로 하는 작업이 으레 그렇듯 뜨개도 같은 도안을 보고 뜨더라도 만드는 사람에 따라 완성도 차이가 큰 편이다. 실을 세게 쥐고 뜨는 사람이 있고 느슨하게 쥐고 뜨는 사람이 있다. 팽팽하게 쥐고 당기면서 뜰수록 코는 작고 촘촘해진다. 뜨개에서는 이 '실을 잡거나 당기는 힘'을 장력이라고 부르는데, 편물의 완성도를 가장 많이 좌우하는 조건 중 하나이다. 어느 정도 힘으로 잡아야 하는지 정해진 게 아니니 각자 뜨기 편한 장력을 찾기 마련인데, 찾은 장력을 유지할 수 있느냐가 또 하나의 관건이다. 만약 옷을 뜨던 중 장력 조절에 실패했다면 몸통은 코가 가지런한 데 비해 소매는 성글거나 코가 삐죽한 불상사가 일어날 수도 있다는 말이다. 이 장력 조절과 비슷한 말로는 '손땀'이 있다. 편물의 코가 가지런히 나오면 손땀이 고르다, 라고 하는데, 장력 조절의 결과가 곧 손땀이라고 할 수도 있겠다.

실마다 재질이 다르니 맞는 바늘도 다르다. 어떤 실은 나무 바늘로 떠야 쫀득하니 바늘에 착착 감기고, 어떤 실은 스틸 바늘로 떠야 실 가닥가닥 바늘에 걸림 없이 뜰 수 있다. 이래서 세세하게 따지고 들어가면 한도 끝도 없이 장비 욕심을 부릴 수밖에 없는 게 뜨개다.

여름 뜨개는 겨울 뜨개보다 이런 조건들이 까다롭게 작용한다고 생각한다. 가볍고 얇은 실이 많기 때문에 작은 호수의 바늘을 사용하기 마련이고, 작업 시간은 늘어나니 손도 그만큼 피로하다. 자칫하면 초반과 후반의 손땀이 크게 차이 나게 된다. 물론 충분히 쉬면서 넉넉한 기간을 두고 뜨면 해결되는 문제다. 내가 그렇게 느긋한 성미를 가지지 않아서 그렇지.

반소매에 짧은 몸통 기장, 시원한 무늬가 들어갔으면 좋겠다는 생각으로 도안을 찾았다. 겉뜨기만 무한 반복하는 민무늬 옷보다 오히려 이런 저런 무늬가 들어가는 게 손땀이 덜 보인다. (전자가 더 쉽게 질린다는 이유도 있다.) 앞코와 뒤코를 서로 교차하는 케이블 무늬(이하 꽈배기 무늬)가 역시 클래식이다. 특별한 기술 없이 앞코와 뒤코의 순서만 바꿔 뜨면 되기에 만만하기도 하다. 함께 고민했던 배색은 잠시 나중으로 미뤄 두고 여름용 꽈배기 니트를 만들어 보자.

꽈배기 무늬도 코를 어떻게 교차하느냐에 따라 종류가 다양하다. 교차하는 코의 개수에 따라 크고 통통한 꽈배기가 만들어지기도 하고 작고 앙증맞은 꽈배기가 만들어지기도 한다. 이번에 참고한 영상은 채널명 '늘데이'의 '스크류 썸머 니트'이다. 이름부터 충실하게 여름 니트임을 나타낸다. 해당 영상에서 사용한 실과 다른 실을 사용하기 때문에 가장 먼저 할 일은 스와치를 뜨는 일이다.

앞서 말한 개인의 장력 조절 차이, 실과 바늘의 차이 같은 이유로 우리는 '스와치'라는 걸 만들어야 한다. 스와치란 편물에 들어갈 무늬를 조그맣게 뜬 표본이다. 표본을 만들면 실이 편물이 되었을 때 어떤 느낌이며 무늬는 잘 나오는지 확인할 수 있고, 하나의 무늬가 가로 세로 몇 cm의 크기인지 가늠할 수 있다. 몇 번을 반복해야 원하는 총기장까지 만들 수 있는지 확인하는 작업이다. 말하자면 '무늬 미리보기' 같은 느낌이다.

스와치를 만들어 보니 꽈배기 양옆으로 송송 구멍 난 무늬가 더욱 마음에 들었다. 스와치를 떴다면 다음 단계는 게이지 계산이다. 표준국어대사전에 따르면 게이지의 정의는 '뜨개에서 일정한 면적 안에 들어가는 코와 단의 수'이다.

가로 10cm에 들어가는 코의 개수와 세로 10cm에 들어가는 단의 수를 세면 내 실의 게이지가 나온다. 원작의 게이지와 동일하면 좋겠지만 다른 경우에는 계산이 필요하다. 이해해 두면 필요할 때마다 유용하게 쓸 수 있으니 익혀 두는 걸 추천한다. 아주 약간의 산수만 할 줄 알면 계산할 수 있다. 원작의 게이지와 내 게이지를 놓고 비례식을 세우는 법만 알면 된다.

[원작 게이지의 콧수(단수) : 도안에 나온 콧수(단수) = 나의 게이지 콧수(단수) : 내가 떠야 할 콧수(단수)]

예를 들어 원작의 게이지가 10코 10단인데 내 게이지가 15코 15단이라고 치자. 도안에서 20단까지 떠야 한다고 나왔다면 '10 : 20 = 15 : x'로 세울 수 있다. 이때 미지수 x는 내가 떠야 할 단수이다.

같은 경우의 도안에서 30코를 잡으라고 나왔다면 나의 코는 45코가 되는 거다.

일련의 과정들이 너무 어렵고 복잡하게 느껴져 나는 못하겠다! 싶은 사람이 있다면 걱정하지 않아도 된다. 요즘에는 뜨개인을 위한 게이지 계산기가 어플로 여러 개 있으니 그걸 활용해도 된다. 21세기 만세!

에어울 검은색을 사용했고 니트프로 조립식 바늘 5mm로 몸판을, 4mm로 고무단을 떴다. 등에서 어깨 라인을 먼저 만들고 앞판

을 뜬 다음 허리까지 원통으로 이어 뜨면 된다. 무늬도 무늬고 경사 뜨기가 필요해 뜨개를 처음 시작하는 사람이 시도하기에는 다소 무리가 있다. 이미 톱-다운 방식의 니트를 떠본 적이 있다면 추천이다. 영상은 아주 상세하고 친절하게 설명하고 있으니 잘 따라가기만 하면 된다.

뜨면서 우여곡절이 없었다면 내가 아니다. 내 뜨개에는 항상 실수와 고난이 많다. 꽈배기 전후로 바늘비우기를 통해 구멍을 내야 하는데, 오른쪽 왼쪽 번갈아 내야 하는 걸 정신 놓고 뜨다가 망친 부분이 여기저기에 있다. 어디에는 왼쪽만 연달아 세 개의 구멍이 났고 어디에는 오른쪽에 연달아 구멍이 났다.

첫 시도에서는 호기롭게 4.5mm 바늘로 몸통을 시작했는데 웬 강아지 옷이 보였다. 위에서 스와치와 게이지에 대한 설명을 늘어놓고 정작 나는 귀찮아서 계산을 건너뛰었기 때문이다. 4.5mm 바늘로 미리 스와치를 떴다면, 혹은 게이지 계산을 했다면 강아지 옷이 되는 일은 없었을 거다. 결국 첫 시도는 '푸르시오'했고 5mm로 다시 시작했다. 뒤판과 앞섶을 이어준 후에야 사이즈가 작은 걸 알아채는 바람에 새로 시작하기 전에 깊은 한숨을 쉬어야만 했다.

구멍을 잘못 내는 실수도 한두 번 일어난 게 아니다. 실수를 바로잡으려고 잘못 뜬 부분까지 풀어 다시 뜨며 교정했는데 나중에는 그럴 생각도 들지 않아 그냥 뒀다. 실수가 딱 한 군데였다면 고치지 않고는 못 견뎠을 텐데 10개나 있으면 11개가 되어도 별로 수정하고 싶은 마음이 안 든다. 내가 만들었지만 나도 이 옷에 얼마나 많은 실수가 있는지 모른다.

 나도 모른다는 말을 잘 생각해 보면 남들도 모른다는 말과 같다. 굳이 찾지 않으면 아무도 모른다. 그걸 붙잡고 스트레스 받아 봐야 나만 힘들다. 처음 잘못 뜬 걸 알았을 때는 절망했다. 또 여기까지 다 풀어야 하나. 왜 정신을 똑바로 차리지 못했을까. 적막이 싫어 틀어 놓은 넷플릭스가 문제였나. 절망을 반복하다 보면 나중에는 놀랍지도 않다. 음, 또 틀렸네!

 그러다 한 번 모른 척 넘어가기로 했다. 내 눈만 흐리게 뜨면 되는걸. 애초에 즐겁자고 시작한 취미에 왜 항상 이렇게 화가 나는 걸까. 어디에 납품하는 옷도 아니고 나만 만족하면 되는데! 나만 즐거우면 되는데! 잘 입을 수만 있으면 되는데! 이렇게 초점 없는 눈으로 실수를 덮어놓고 완성한 옷이다. 이쯤에서 내가 한 모든 생각이 자기 합리화인 걸 알았지만 이왕 합리화한 김에 더 해 보기로 했다.

 눈에 띄진 않지만 실수가 있는 옷. 그럼 실수 찾기 게임을 해 보는 건 어떨까? 어느 부분에서 잘못 떴는지 먼저 세 군데를 찾는 사람에게 소정의 상품을 주는 게임인 거다. 진 사람이 벌주를 마시는 술 게임은 어떨까. 사실 나는 이걸 노리고 엔터테인먼트 기능성 옷을 만든 게 아닐까? 물론 아니란 걸 안다. 하지만 이른바 게임성까지 갖춘 옷인 거다. 실수? 오히려 좋아. 나는 실수로 게임도 한다. 두둥 탁.

 옷의 완성도 자체도 나쁘지 않았다. 전에 완성했던 옷보다 좋으냐 하면 솔직히 그건 아니다. 그래도 마음에 들었다. 몸에 꼭 맞아 떨어지는 사이즈에 무엇보다 경사뜨기 덕분에 어깨선이 기성 옷처럼 자연스럽다. 실수 좀 하면 어떤가. 중요한 건 그냥 해 보는 거다. 시도해 보는 마음. 망해도 괜찮으니 끝까지 완주해 보는 마음. 그게 중요하다. 항상 중간에 멈추려고 하는 내게, 내가 하는 말이다.

다음엔 또 무얼 떠 볼까. 귀찮아서 넘겨왔던 배색을 도전해 볼까, 만들다 만 개구리 인형을 완성해 볼까. 배색도 개구리도 다 중간까지 뜨다 포기한 것들이다. 이제 끝까지 떠야 할 때가 왔다. 포기했던 과거는 잊고 완주를 위해 다시 시작하자.

분노의 뜨개구리
- 대바늘 개구리 인형

 몇 년 전 뜨개인들에게 유행했던 아이템이 있다. 대바늘로 만드는 개구리 인형, 이른바 '뜨개구리'이다. 뜨개에 관심이 없는 사람들도 한 번쯤은 스치듯 봤을 바로 그 개구리 인형. 작은 소품을 주로 만드는 작가 'Claire Garland'의 'Frog'라는 도안인데, 사이트에 도안이 등록되자마자 너도나도 개구리 한 마리씩 만들어 인증하는 게 관례였다. 손바닥만 한 크기에 입은 앙 다물었고 샘플 사진에 달린 눈동자는 끝이 아래로 축 처져 어딘가 기운 없어 보이는 듯하지만, 가느다란 팔다리와 상반된 통통한 발가락에서 어딘가 힘이 느껴지기도 하는… 장황하게 설명하게 만드는 요염한 개구리가 아닐 수 없다.

 귀여운 인형과 귀엽지 않은 도안을 마주하니 복잡한 심경이었다. 이번 화에서는 뜨개구리를 만드는 동안 겪은 고난과 역경에 대해 자세히 말하고자 한다. 분노와 낭만의 비율이 8대 2 정도 되는 점 감안 바란다.

1. 발단

오랜 친구 백씨가 있다. 백씨의 성은 백이 아닌데 본인을 백씨로 불러달라고 했다. 여기서부터 백씨의 범상치 않음을 짐작할 수 있다. 백씨는 취향에 맞는 캐릭터 소품을 발견하면 꼭 가져야 한다. 이번 그의 취향은 뜨개구리에 당도했고 안타깝게도 주변에 뜨개하는 사람이 나뿐이었다. 직접 만든다는 선택지는 백씨에게 없었다.

어떻게 매일 뜨개만 하고 사는 나보다 먼저 접했는지 모르겠지만 그가 보내준 뜨개구리는 귀여웠다. 당시 뜨개 초보 커트라인을 벗어났다며 자신감이 한창 솟아 있던 시기였는데, 뭣모르는 눈으로 판단한 결과 어렵지 않을 것 같다는 잘못된 판단을 내리고 말았다. 오판도 이런 오판이 없다.

뜨고 있던 옷이 있었기에 다음을 기약하고 대화가 넘어갔다. 일부러 그랬던 건 아닌데 어물쩍 또 다른 작업을 시작하게 됐고 6개월 이상 미뤘던 것 같다. 백씨의 언질이 있고 나서야 도안을 찾아보니 유료더라. 창작자에게 정당한 값을 지불하는 건 당연한 일이다. 그 도안을 내가 원했다면 말이다. 백씨만큼 개구리 인형을 가지고 싶은 마음이 없던 나는 굳이 돈을 써야 할 필요성을 느끼지 못했고 그렇게 인형은 다시 미뤄졌다.

2. 전개

백씨를 데리고 쇼핑을 간 게 화근이었다. 고백하자면 뜨개구리는 이미 기억 저편으로 사라졌고 백씨와 시간이 맞아 함께 갔을 뿐이었다. 오랜만에 미세먼지 없는 하늘을 보며 실 구경을 나선 날이었는데, 나는 내 작품을 위한 실을 골랐고 백씨는 뜨개구리를 위한 실을 골랐다. 뜨개도 안 하는 애가 무슨 실을 저렇게 열심히 고르나 했더니 개구리 등껍질이 될 실일 줄이야. 무려 세 볼의 실과 인형 뜨기에 알맞은(내게 없는) 3mm 바늘까지 사서 내게 건넸다. 그래. 여전히 직접 만들 생각은 없구나.

뜨개인에게 실과 바늘을 제공하면서 작품을 요구한다면 이건 정당한 요구다. 유료 도안까지 결제한 친구를 위해 바늘을 들었고 마침내 작업을 시작했다.

3. 위기

준비한 실은 슬로우스텝 101번 아이보리 색상과 108번 카키 색상이다. 각각 개구리의 배와 등이 될 실인데 시작하자마자 위기였다. 손이 큰 편이라 4mm 보다 얇은 바늘은 손에 잘 쥐지 않는 내가 생전 처음 3mm의 숏팁 바늘(일반 바늘보다 길이가 짧아 주로 소매 뜨는 데 유용한 바늘)로 코를 잡고 뜨려니 여간 힘든 게 아니었다. 실은 자꾸 빠지고 바늘은 손에 익지 않아 미끈거리고. 결국 한 줄도 못 뜨고 바늘을 내던졌다. 항상 가장 큰 휴대폰을 사고도 한 손으로 모든 조작이 가능한 나로서는 개구리 엉덩이도 보지 못하고 바늘이 부러지든 손에 쥐가 나든 비극적 결말이 눈에 환했다. 코 3개 거는 게 이렇게 힘든 일이었다니. 나는 아직 멀었구나.

한계를 느꼈지만 실을 두 줄로 겹쳐 잡고 떠 보기로 했다. 4mm 바늘로 뜨기 위해서다. 인형이 조금 커지겠지만 일단 해보자는 심산이었다. 어리석은 생각이었다. 바늘 좀 바꿨다고 참개구리에서 황소개구리가 될 줄은 몰랐지.

어느 친절한 한국 뜨개인이 한글로 번역까지 해둔 도안을 보며 뜨는데도 어려웠다. 뜨개구리 원작자는 다른 사람들이 뜨개구리를 떠서 판매하는 행위를 허가했다고 하는데 그 이유가 있었다. 겉뜨기와 안뜨기를 제외하고 알아야 하는 기법이 10개. 순수하게 도안 난도가 높아 뜨개구리로 뜨개에 입문하기란 처음 그린 그림으로 미대 입시에 성공하는 격이었다. 게다가 한글 번역은 되어 있지만 영문 약어는 그대로 표기되어 있어 나도 더듬더듬 검색해 가며 떴다. 이래서 미리 약어를 익혀 두었어야 했는데. 게으른 나를 탓하는 수밖에 없다.

  어떻게든 몸통을 뜨고 뒷다리를 떴다. 앞다리를 뜨기 전 인형에 솜을 채워 넣으니 내 눈앞에 있는 건 손바닥 크기의… 두꺼비였다. 아니면 황소개구리든가. 앞다리가 있고 없고의 문제가 아니었다. 그냥 징그러웠다. 이틀 동안 끙끙대며 뜬 편물에 대고 입 밖으로 차마 징그럽다는 말을 하지는 않았지만 속으로는 물음표를 백 개쯤 띄우고 있었다. 하지만 내 노력을 무시하듯 동생이 무심하게 한마디 했다.

"이게 뭐야? 너무 징그럽다."

  애써 못 들은 척, 눈을 달아 주려는데 멀리 소품샵까지 가서 사 온 인형 눈이 들어가질 않았다. 검은 플라스틱 눈을 아무리 눌러 봐도 촘촘한 얼굴에 들어갈 기미가 없었다. 나중에 보니 뒷면이 납작하고 실로 고정할 수 있는 눈이 따로 있었다. 볼록하고 꽁무니가 긴 눈이래도 달 방법은 있었겠지만 내 실력이 미천한 탓이다. 여기까지 시행착오를 겪자 손이 저절로 바늘을 놔버렸다. 에라이 때려치워!

  뒷다리만 달린 인형을 뒤로하고 뜨개를 포기했다. 내 손으로 만들어 정이 가지 않는 건 처음이었다. 며칠만 쉬려던 게 달이 꽉 차도록 지났고 그로부터 반년이 지났다. 백씨가 은근히 독촉하기 시작했다. 실에 도안에 들인 돈이 얼만데 아무 소식이 없으니 당연하다. 큰소리치며 금방 떠 주겠다고 장담했던 과거의 나를 욕하면서도 13년 지기 친구를 위해 다시 개구리 앞으로 돌아갔다.

4. 절정

홧김에 포기했어도 그동안 뜨개를 쉰 건 아니었다. 대바늘과 코바늘을 가리지 않고 열심히 떴다. 옷이며 가방, 작은 소품들과 연습용 패턴들까지 열심히. 그래서인지 다시 개구리 앞으로 돌아왔을 때 시작이 어렵지 않았다. 앙상하다고 느꼈던 3mm 바늘을 어떻게 쥐어야 하는지, 실을 걸고 빼낼 때 어느 정도의 힘을 유지해야 할지 감이 잡혔다. 두 겹씩 잡지 않아도 자연스럽게 바늘을 움직일 수 있었다. 그동안 난 조금 강해진 걸까?

처음부터 새로 시작한 개구리는 조금 고생스러웠지만 완성했다. 이틀에 걸쳐 도안을 꼼꼼히 확인하며 떴더니 만족스러운 개구리 친구가 손바닥에 앉아 있다. 여기서 두 번째 고난이 발생한다. 이 조그만 아이에게 옷을 입혀 주려 미니 스웨터를 시작해 버린 일이다.

일단 엄지 손가락만한 옷이라 원형으로 뜰 수가 없었다. 스웨터를 뜨는 가장 쉬운 방법은 톱-다운 원통뜨기인데 아무리 숏팁이라고 한들 원통뜨기는 무리다. 평면으로 전개해 뜬 다음 마지막에 옷 모양으로 바느질해야 한다. 소매 분리도 평면, 목단과 밑단도 모두 평면. 이걸 줄무늬로 뜨고 나면 지옥이 펼쳐진다. 뜨개의 모든 과정 중 가장 기피하고 싫어하는 것. 바로 실 정리다. 앙증맞은 줄무늬 스웨터의 앞면과 그렇지 못한 뒷면이 날 기다린다.

수많은 가닥을 하나씩 정리하고 있으면 차라리 개구리를 두 마리 뜨고 말겠다는 생각이 든다. 어차피 뒷면이니 인형에 입히면 보이지도 않을 텐데 대충 잘라 놓을까, 실행에 옮기지 않을 고민을 하며 열심히 정리하면 드디어 뜨개구리 완성이다.

5. 결말

처음에 사진으로 봤던 뜨개구리와 내 손으로 만든 뜨개구리는 느낌이 달랐다. 원작 개구리가 가녀리고 앙증맞은 느낌이라면 내가 뜬 개구리는 어딘가 튼튼해 보인다. 이러나저러나 모두 귀여운 인형이지만 어쩔 수 없이 직접 만든 물건에는 애착이 가기 마련이다. 잘못 샀던 플라스틱 인형눈 대신 집에 있던 단추를 달아 준 것도 좋은 선택이었다. 덕분에 더 장난스럽고 개구쟁이 같은 느낌이 난다.

완성하자마자 집 여기저기를 돌아다니며 사진을 찍었다. 소파에 앉혀 두고 한 컷, 노트북 위에 올려두고 한 컷. 백씨를 위해 만들었다는 사실이 슬프기까지 했다. 곧 내 손을 떠나 백씨에게 갈 아이라니. 백씨가 주문한 건 두 마리였다. 초록 개구리를 만들었으니 등이 노란 개구리도 만들어야 한다. 아직 미션을 완수하지 못했다. 완수 전에 내 뜨개구리는 없다. 그러니 어서 뜨자. 오늘도 내일도 뜨자.

어떤 고민은 옷이 된다
- V넥 보텀-업 조끼

취미의 길로 접어들게 한 첫 뜨개가 목도리였다면 첫 뜨개옷은 조끼였다. 입을 수 있는 옷을 내 손으로 뜬다는 건 어딘가 굉장한 고수의 향기가 나지 않는가. 실상은 옷에도 난이도가 천차만별이라 초보도 쉽게 뜰 수 있는 옷부터 공부 없이는 뜰 수 없는 옷까지 다양했지만 작은 소품들만 뜨던 나에게는 '수제 옷'이라는 단어가 주는 위압감이 있었다. 잘 모르는 세계에는 겁부터 먹는 게 습관이다.

뜨개를 어느 정도 하다보면 본인이 쥐고 있는 바늘의 종류에 상관없이 꼭 옷에 관심을 가질 수밖에 없다. 유려한 디자인의 도안들이 나를 끊임없이 유혹하기를 몇 달, 뜨개옷에 입문하게 되었다. 장바구니에 담아 놓은 도안들을 뜨기 위해서는 기본적인 옷의 형태를 익힐 필요가 있었다. 가장 단순하고 익히기 쉬워 보이는 게 조끼였다. 소매가 없으니 빠르게 완성할 수 있겠다는 단순한 생각이었다.

이사를 결심하면 이틀 뒤에 새집 계약서를 가져오는 아빠를 둔 덕분에 실행력 하나는 나쁘지 않다. 하고 싶은 게 있으면 누구보다 빠르게 시도하고, 하기 싫은 건 하지 않는다. 끝까지 해내는 법도 물려받았으면 좋았을 텐데 그것까지 배우진 못해 늘 시작만 한다.

시작이 반이라던 속담은 틀렸다. 시작이 반이려면 끝까지 포기하지 않는다는 전제 조건이 필요하다. 어떤 사건에 관해 지레짐작하며 결과를 속단해 시작만큼 빠르게 그만두는 못된 습관을 가졌다면 시작은 그냥 시작일 뿐이다. 정직하게 반을 해야 반인 거다.

 뜨개노 그랬다. 옷을 만들 때가 왔다는 생각이 들자마자 바로 시작했다. 처음 떠보는 주제에 따지는 건 또 많았다. 얼굴형이 둥글고 목이 짧으니 V넥으로, 자주 입는 바지의 색이 주로 검은색이거나 청색이니 그와 잘 어울리는 시리얼 색으로. 그렇게 나는 겁도 없이 보텀-업에 도전했다.

 '보텀-업'은 말 그대로 아래(Bottom)에서 위(Up)로 뜨는 방식이다. 허리 밑단에서 시작해 어깨에서 마무리한다. 앞판과 뒤판을 따로 떠서 나중에 바느질로 이어 줄 수도 있지만 최대한 바느질을 줄이기 위해 몸통 고무단부터 원통으로 떴다. 그대로 가슴까지 뜨다가 암홀(팔이 들어가는 구멍)에서 원통으로 뜨던 코를 반으로 나눠 어깨까지 앞과 뒤를 따로 만들어 준 뒤, 마지막으로 어깨를 이어 주면 된다. 이렇게 상세하고 장황하게 설명한 이유가 있다. 이 모든 과정을 다른 말로 하면 '길이 수정 불가'이다.

 위에서 시작해 밑으로 내려오는 톱-다운 방식이라면 중간중간 입어 보면서 원하는 기장으로 편물을 조절할 수 있다. 스와치를 내보고 게이지를 계산해도 직접 입어 보는 것과는 사뭇 느낌이 다른 경우가 많아 예상과 결과물이 다를 때가 종종 있다. 엉덩이를 덮는 기장에 박시한 핏을 원했어도 가슴께 뜬 편물이 생각보다 무겁다면 과감히 짧게 줄여 뜨는 식이다.

    그런데 밑에서 시작했다면? 중간에 입어볼 수 없다. 암홀 분리까지 떴어도 눈에 보이는 건 정말 말 그대로 '원통'처럼 생긴 편물이라 몸에 끼워 넣는다고 전체적인 느낌을 가늠하기 어렵다. 대강 확인하고 끝까지 떴는데, 완성하고 나니 기장이 마음에 들지 않는다면 방법이 없다. 암홀을 나누기 전 부분이 나올 때까지 푸는 수밖에. 이미 끝낸 옷을 푼다는 건 여간해서 일어나지 않는 일이기에 보텀-업에 있어 길이 수정은 있어서는 안 되는 일이다. 적어도 내게는 그렇다.

연습 삼아 뜨는 데 비싸고 좋은 실을 사용하는 건 불필요하다는 판단에 중고로 싸게 실을 샀다. 원하던 대로 오트밀로 물들인 것 같은 색상이고 부드럽지는 않지만 양이 넉넉해 마음껏 망칠 수 있어 보였다. 우여곡절 끝에 완성한 첫 조끼는 코가 삐뚤빼뚤한가 했지만 세탁의 힘으로 가지런해졌다. 정보 없는 실이라 정확하지 않아도 까슬거리는 촉감을 봤을 땐 아크릴 함량이 많다는 건 확실하다. 게이지 내는 법도 몰랐고 사이즈를 어떻게 재어야 하는지도 모른 채 무작정 유튜브만 따라 하며 만든 감격스러운 첫 옷이다.

몇 번이나 처음부터 시작했었다. 바늘 굵기부터 실, 장력까지 모든 게 다른데 마냥 따라 한다고 똑같이 될 리가 없다. 가슴둘레는 작아서 터지기 직전이었고 암홀은 너무 늘어져서 겨드랑이가 시원했다. 그 와중에 목은 한참 파여서 곤란했다. 만약 맨몸으로 입는다면 누군가는 날 경찰에 신고할 차림새가 될 게 분명했다. 뜨개질에 계산이 필요하다는 걸 몸소 체험하니 참 강렬하게 각인된 것도 사실이다.

세상 모든 일이 그렇듯 뜨개도 위로 올라가는 게 힘들다. 아래로 내려가는 건 그렇게 쉬울 수가 없는데 한 걸음 올라가는 건 왜 그리 어려운지.

감정선이라는 줄이 눈앞에 실재한다고 치자. 마당놀이에서 볼 법한 외줄을 떠올리면 된다. 줄 위에서 위태롭게 뛰노는 모습이 재밌어 보인다면 나는 보호 그물망 없는 외줄타기를 한다. 떨어지면 어디가 깨져도 왕창 깨질 게 분명한데 신나게 줄을 탄다. 어떻게 줄 위로 올랐는지, 이 줄이 어디서 났는지 기억도 안 난다. 근데 줄에 올라 있는 동안은 좋다고 웃어댄다. 내가 얼마나 흔들리는 존재인지도 모르고 그냥 즐겁다. 그러다 아주 약한 바람이라도 불면 두 다리가 덜덜댄다. 바람이 불 줄은 생각하지 못하고 그 어떤 대비도 못 했기에 당연하다. 얼마 못 가 떨어지고, 우울하다. 나는 이 줄조차 끝까지 건너지도 못하는 사람이다.

참가하는 공모전마다 족족 떨어졌고 결혼할 줄 알았던 사람과는 이별했고 모처럼 입사한 좋은 직장에서는 업무에 적응하지 못하고 퇴사했다. 하고 싶은 걸 하면서 살겠다고 주변에 큰소리친 것과 달리 내 마음에서는 시시각각 외줄을 만들어냈다. 글을 쓰며, 연인과 힘껏 포옹을 하며 줄에 아등바등 올라가 행복을 만끽해도 혼자 있는 동안 수많은 바람에 추워했다. 내가 언제부터 이렇게나 약한 사람이었는지 기억나지 않는다. 분명 예전에는 밝고 건강했던 것 같은데 착각이었나. 애초에 걱정 없이 살았던 적이 있었나 싶기도 하다. 배부른 소리라는 걸 안다. 날 믿고 응원하는 지인들이 있고 부모님의 충분한 지원 아래 대학을 다닐 수 있었던 사람이 앓는 소리하는 건 주변에 폐다. 그래서 더 꽁꽁 숨겼다. 나에게 이런 고민거리가 있다는 사실이 누군가에게는 폭력이 될까 봐 숨겼다.

다른 사람들은 어떻게 이겨내고 있을까. 내게만 바람이 부는 건 아닐 텐데 다들 어떻게 어리광 부리지 않고 온전한 어른으로서 살아갈 수 있는 걸까. 고민은 꼬리를 물고 늘어나 점점 줄이 길어진다.

서라미 작가의 『아무튼, 뜨개』를 보면 다음과 같은 구절이 나온다.

뜨개에서는 많은 코를 한꺼번에 뜨거나 다음 단을 먼저 뜨는 일이 가능하지 않다. 1단 위에 2단을, 2단 위에 3단을 차곡차곡 쌓아 올리는 일이 뜨개다. 뜰 줄 아는 만큼만, 시간을 낼 수 있는 만큼만, 관절이 허락하는 만큼만 뜬다. 오늘 하루 뜰 만큼을 뜨면, 그런 하루가 모여 단이 되고 면이 되고 머지않아 내가 뜬 것을 한 발 떨어져 감상할 수 있을 만큼의 편물이 된다. 끝내 옷이 된다.
뜨개인은 예외 없이 정직한 이 결말을 사랑하는 사람이다.

번역가로서 오랜 기간을 일한 작가가 뜨개를 번역에 빗대며 설명하는 부분이다. 뜨개를 시작하게 된 이유가 저마다 다를지라도 지속하는 이유는 비슷하구나. 나는 내 뜨개에 있어 모든 과정을 지켜본 증인이니 결과물을 의심하지 않아도 된다. 어쩌다 얻어 걸린 행운일지도 모른다는 불안감에 떨지 않아도 된다. 내가 뜨개를 멈추지 않는 이유이다. 실패하더라도 더디더라도 어쨌든 끝에는 결과물이 나오는 정직한 뜨개를 나는 사랑한다.

첫 조끼를 뜨던 날에도 분명 정체 모를 바람이 날 스치고 있었을 거다. 내가 살아가야 할 방식과 방향에 대한 고민이었을 확률이 크다. 지금은 떠올리려고 해도 잘 기억나지 않는 걸 보면 이미 해결되었거나 그리 중한 고민이 아니었을 테지. 나이는 들어가는데 왜 나는 아직도 이런 고민을 하는지. 제법 자리를 잡았다고 생각하는데도 조금만 변수가 생기면 불안하기 짝이 없다.

  어떤 고민은 실과 바늘에 함께 엮여 옷이 된다. 세면대에 물을 받아 손으로 조물거리며 세탁까지 하고 나면 가지런히 정렬된 코만큼이나 고민도 가지런해진다. 그리곤 볕 좋은 베란다에 눕혀 놓으면 조금 남아있던 복잡한 생각들이 물기와 함께 마른다. 향이 좋은 울샴푸 덕분에 옷이 마르면서 라벤더 냄새가 은은히 주변에 맴돈다. 그럼 나는 바짝 마른, 라벤더 향이 나는, 포근한 옷을 입고 나간다. 세탁과 착용을 반복하면 어느새 고민 같은 게 있었는지도 잘 기억나지 않는다. 첫 조끼를 뜨며 내가 어떤 생각을 했는지 지금은 떠올리지 못하는 것처럼 말이다.

  처음 완성한 옷에 관해 이야기하자니 꼬리가 길어졌다. 사념을 쓰자고 시작한 글이지만 감정만 쏟아낸 글은 좋은 글이 아닌데. 오늘도 걱정거리가 늘어버렸다. 뜨개를 하러 가야겠다.

할머니는 나를 닌자로 키웠다
- 조끼 카디건

　내 방 한편에는 실 수납장이 있다. 조금씩 사 모은 실을 고이 넣어 두고 까맣게 잊어 헌 실들의 무덤이 되는 곳이다. 취향은 바뀌기 마련이고 실에도 트렌드가 있는 법이라 산 지 오래된 실들은 과거의 내가 당최 무슨 생각으로 산 건지 알 수 없는 경우가 있다. 오랜만에 수납장을 정리하다 구석 가장 아래에서 끌어올린 실이 그랬다. 분홍색, 주황색, 자주색이 이어지는 쨍한 형광빛 실이라니. 내가 이런 실을 좋아했던 적이 있던가. 권장 바늘이 6mm인 굵은 두께에 400g짜리 실이 한 볼도 아니고 두 볼. 평소 내가 사는 실들을 생각하면 아주 특이한 조건이다. 분명 무엇인가 목적이 있어서 샀을 텐데, 전혀 기억이 안 난다. 이 정도면 나 몰래 다른 사람이 사서 넣어 뒀대도 믿겠다.

　띠지를 보니 '옴브레얀'이 정식 이름인가 보다. 코랄크림 색상이라고 쓰여 있지만 크림은 찾아볼 수 없으며 코랄에는 형광 도료가 발린 것처럼 채도와 명도가 높았다. 불을 끄면 밝게 빛나나 궁금했는데 그렇진 않더라. 새 실을 넣기 위해서는 헌 실을 소비해야 했다. 개중 가장 처치 곤란한 옴브레얀을 어찌해야 하나 고민 중이었는데 내 옆에서 할머니가 말했다. 색 예쁘다. 눈치가 너무 늦었다. 바로 옆방에 이 실을 가장 좋아할 만한 사람이 있었는데!

쌀쌀해지면 입기 좋은 조끼 카디건을 찾아보고 곧장 캐스트온했다. 채널명 '숲닛츠'의 '에브리데이 베스트'를 참고했다. 카디건 형태는 익숙하지 않아 개괄적인 방식을 참고해 떴는데 실이 화려하니 별다른 무늬를 넣지는 않았다. 바늘도 실도 굵으니 편물이 자라나는 속도가 굉장히 빨랐다. 암홀 부분까지 등판을 먼저 뜬 뒤 앞쪽에서 어깨코를 주워 쭉 내려오는 톱-다운 방식인데, 몸통을 하나로 이어주는 곳까지 떴다면 거의 다 뜬 거나 다름없다. 이제 남은 건 원하는 기장까지 몸통을 늘려주는 것과 고무단으로 마무리하는 것뿐이다.

하루가 다르게 커지는 옷을 보며 할머니가 자꾸 관심을 보였다. 나도 몇 단 뜰 때마다 색이 바뀌는 편물을 보며 다른 때보다 신이 났었다. 바늘 잡을 시간이 없어도 침대에 들어가는 시간을 늦춰가면서 뜨는 날이 많아졌다. 아직 할머니 거라는 말도 안 했는데 은연중에 눈치챘나 보다. 금방 뜰 테니 조금만 기다리라고 말했는데 결과적으로 2주나 걸려 버렸다. 할머니와 싸웠기 때문이다. 몸통 고무단까지 떴으니 버튼밴드[8]만 뜨면 되는데 말이다. 선물을 목적으로 시작한 뜨개는 상대를 향한 감정이 부정적으로 변하면 만드는 속도가 확연히 줄어든다.

---

8 뜨개에서 단추와 단춧구멍이 들어가는 부분. 보통 한 코 고무단 혹은 두 코 고무단으로 되어 있다.

노인과 싸웠다는 단순한 명제만 놓고 본다면 손주인 내가 어떻게 비춰질지 잘 안다. 할머니와 내가 어떻게 살아가는지 모르는 주변인들은 간혹 효심을 들먹이며 무작정 어른에게 잘하라고만 하는데 뭘 모르고 하는 소리다. 우선 싸운 얘기 전에 나의 할머니를 알 필요가 있다.

광복을 목전에 둔 6월의 어느 날, 할머니는 이북 초가집에서 태어났다. 다음 해 광복을 맞는 기쁨을 알기엔 갓난쟁이였던 할머니는 여섯 살 무렵 동생을 업고 남한으로 내려왔다. 한국전쟁이 발발한 탓이다. 다행히 온 가족이 무사히 내려왔지만, 전라도 시골에서도 가난하긴 매한가지였다. 가난한 집 첫째 딸로서, 할머니는 초등학교 대신 밭으로 나가 농사를 지었다. 고지식하고 가부장적인 아버지의 '첫째 딸은 집안의 살림을 도맡아야 한다'는 지론을 실천하기 위함이었다.

국민학교도 제대로 다니지 못한 할머니는 까막눈으로 육십 년을 살았다. 눈 감는 날까지 계속 그렇게 살 수 있을 것 같았지만 예상치 못한 막내아들의 이혼으로 손주 둘을 떠안게 되었다. 별안간 떠안긴 손주 중 첫째가 나다.

나와 동생을 키우려니 까막눈이 문제가 되었다. 유치원에서 꼬박꼬박 받아오는 알림장을 읽을 수가 없었고 젖먹이 동생이 아프기라도 하면 병원 접수를 할 수가 없었으니. 마침내 할머니는 글을 배워야겠다는 생각이 들었는지 동네 회관에서 한글 수업을 듣기 시작했다.

나이 60이 넘어 시작한 탓에 아주 느렸지만 결국 할머니는 한글을 깨쳤다. 어설픈 글씨와 어설픈 맞춤법이지만 읽고 쓰는 데 문제는 없었다. 참 대단하다. 아마 나와 동생을 키우지 않았더라면 눈에 실핏줄이 터지면서까지 한글을 배울 일이 없었을지도 모르는 일이다.

내리사랑 하나만으로 나를 키운 할머니가 대단하다고 생각하지만, 동시에 우리는 애증의 관계다.

44년생이 헤쳐 온 세상과 내가 살고 있는 세상은 너무 달랐다. 할머니는 당신의 아버지에게 물려받은 '첫째 딸' 지론을 고작 동생 한 명을 둔 내게도 적용했고, 나는 유치원을 졸업하기도 전에 동생을 내 딸이라고 여겨야 한다는 말을 들었다. 6살한테 2살짜리 딸이 생긴 셈이다. 동생을 아끼고 보살펴야 한다는 말이었겠지만 그 의중을 알아채기엔 나는 너무 어렸다.

더불어 할머니는 극도로 보수적인 가치관을 절대 바꾸지 않았다. 남자는 돈만 잘 벌어오면 되고 여자는 집안에서 조신하게 살아야 한다. 남녀는 유별하고 저녁 늦게 같이 있으면 문란한 거라는, 아이는 어른 말에 이유 불문 복종해야 한다는 고릿적 시대관을 절대 틀렸다고 생각하지 않았다. 말이 좋아 보수적이지 낡고 고루한 사상이 아닐 수가 없다. 나는 20대 중반이 되어서도 남자친구와 데이트를 하다가 아홉시만 넘어가면 폭탄 같은 전화 세례를 받아야 했고 어쩌다 한 번쯤 전화를 못 받기라도 하면 남자에 미친년이라는 소리를 들어야 했다.

그럼에도 (할머니에겐) 불행히 나는 보수적 양육이 통하지 않고 자라 버렸다. 사람의 다양성을 응원하고 수용하고, 성별에 구애받는 사랑은 없다고 생각하고 마는 그야말로 할머니의 대항마로 자랐다. 그런 말이 있지 않은가. 딸에게 온갖 제약을 걸어둘수록 그 딸은 온순한 아녀자가 아니라 닌자가 될 뿐이라고. 나도 나이가 들어 가면서 기발한 변명과 핑계로 은밀히 놀러 다니는 어엿한 상급 닌자가 되었다. 지나친 구속은 사발석 해방으로 나아가는 도화선이다. 할머니가 무얼 상상하는지 모르겠지만 내게 외박이란 친구네 집에서 떡볶이와 치킨을 시켜 먹으며 상사를 욕하는 일일 뿐인데, 그 사소한 일상을 막으니 닌자의 기술이 늘어가는 건 당연한 일이었다.

할머니와 나 사이에는 60년의 넘을 수 없는 세월이 있고 우리는 서로 이해하려고 노력하지만 번번이 실패했다. 의견 차이를 좁히려 대화를 해도 종장엔 말다툼으로 끝난다. 사람은 어쩔 수 없이 본인의 관점에서 사건을 볼 수밖에 없다지만 아무리 봐도 우리의 다툼은 대개 할머니의 고집이 시발점이다.

지난주에도 할머니는 무단 횡단을 하다 달려오던 차에게 욕을 먹었다. 차주가 소리를 질렀고 경적도 울렸다. 보행자 신호는 빨간색이었고 차량 신호는 초록색이었으니 차주는 잘못한 게 전혀 없었다. 갑자기 달려 나온 할머니 때문에 놀라서 핸들이라도 꺾어 사고가 났으면 어쩔 뻔했나. 죄 없는 소중한 생명이 해를 입었을 수도 있고 근처 기물이 파손되었을 수도 있다. 누군가 영상으로 그 모습을 찍어 인터넷에 올렸다면 할머니를 욕하는 댓글이 수천 개는 달렸을 게 분명했다.

그럼에도 나의 할머니는 아무렇지 않게 종종걸음으로 건너던 길을 마저 건넜다. 집에 들어오던 내가 그 모습을 지켜보고 있는 것도 모른 채.

집에 들어가자마자 할머니와 싸웠다. 무단 횡단하지 말라는 얘기를 10년째 하고 있는데 아직도 고치질 않는다. "그러다 사고 난다, 위험하다"와 같은 얘기로는 꿈쩍도 안 하고 오직 한 마디로만 상황을 무마하려고 한다.

"평생 이렇게 살았어도 사고 한 번 안 나고 멀쩡히 살아있는데 왜 난리냐."

사고가 났으면 내가 말도 안 하지. 80살 넘은 할머니가 무단 횡단 중에 사고가 났으면 아마 나와 마주 보고 있지도 못할 테니까. 할머니는 무단 횡단을 하고 있다는 사실보다 길을 더 빨리 건널 수 있다는 사실에 집중했다. 신호를 지키지 않는 건 엄연한 범법이며 다른 이들에게 폐를 끼치는 행위임을 아무리 설명해도 소용없다. 할머니에게는 집에 빨리 갈 수 있는 방법을 두고 신호를 기다린다는 게 애초에 이해가 되지 않는 일인 거다.

이대로는 안 되겠다 싶어 나는 알지도 못하는 어느 노인 이야기를 지어냈다.

"어떤 사람이 무단 횡단하다가 차에 치여 죽었는데, 보상금을 하나도 못 받고 그냥 그렇게 가버렸대. 무단 횡단하면 사고가 나도 돈도 못 받아."

어이없게도 할머니는 '보상금'에 충격을 받아 그 이후로 꼬박꼬박 신호를 지켰다(정말 지키는지는 모르겠지만 적어도 내가 발견하지는 못했다). 본인의 안위보다 금전 보상을 가장 우선으로 둔다고? 이게 맞아? 20년을 넘게 한집에서 살았는데도 나는 아직 할머니를 모르겠다. 그럴 때마다 가슴 깊은 곳이 답답하기만 하다.

그런 연유로 속도가 더뎠던 카디건은 마침내 어제 저녁에 완성되었다. 집에 굴러다니던 단추를 달까 하나가 바람도 쐴 겸 뜨개샵으로 가 고동색 단추를 사왔다. 편물이 화려하니 짙고 단정한 단추 색이 잘 어울렸다. 다양한 색상이 쭉 이어진 실이지만 색과 색 사이가 자연스럽게 연결되진 않았다. 주황색이 끝나면 곧바로 자주색이 시작하는 식이었는데, 덕분에 등과 앞판, 고무단이 모두 다른 색으로 알록달록하다. 언뜻 여러 천을 덧대어 만든 퀼트 보자기처럼 보이기도 했다.

5.5mm 바늘로 숭덩숭덩 떠내려가 품이 넉넉하다. 할머니는 원래 풍채가 좋은 편이었는데, 급성 당뇨로 한 번 고생하고 나서 살이 쭉 빠져버려 나와 비슷한 몸집이 되었다. 완성한 옷을 내가 먼저 걸쳐보니 할머니에게도 넉넉하니 잘 맞을 것 같았다.

나는 굳이 자려고 누운 할머니를 일으켜 옷을 건넸다. 할머니는 마다하지 않고 침대에서 나왔고 곧장 입어 보며 만족스러워 했다. 어유, 예쁘다 예뻐. 옷장을 열면 열 벌 중에 여덟 벌은 꽃무늬 옷인 할머니답게 이 카디건이 화사해서 얼마나 좋은지 쉬지 않고 말했다. 연신 칭찬을 아끼지 않는 할머니를 보며 나도 웃고 있지만 마음으로는 마냥 웃을 수가 없다. 할머니가 좋고, 좋으면서 싫다. 아마 평생 그럴 것 같다.

뜨개에는 계절이 없다
- 계절별 코바늘 모음

　모기 입이 비뚤어진다는 처서가 왔는데도 덥다. 태풍이 지나고 잠시 사그라들었던 더위가 몰래 온 손님처럼 다시 찾아왔다. 그 전만큼은 아니지만 여전히 덥고 모기도 많다. 내가 사는 지역은 오늘 한낮기온이 30도까지 올랐는데, 덥다고 일부러 말하는 것도 지칠 지경이었다. 이제 여름의 끝이 처서가 아닌 게 확실하다.

　여름을 좋아하지 않는다. 태생적으로 몸에 열이 많기도 하고, 축축한 장마철과 꼬박꼬박 발라야 하는 자외선 차단제도 거부감이 든다. 모기를 포함한 날벌레와 쉽게 상하는 음식들까지 이유도 많다. 그렇다고 싫어하는 것도 아니다. 잘 익은 수박을 긁어내 얼음 띄워 먹는 화채는 얼마나 시원하고, 복날마다 챙겨 먹는 삼계탕이며 닭죽은 또 얼마나 맛있는지. 게다가 여름이 막 지났다는 건 다음 여름까지 1년이나 남았다는 뜻이다. 여름은 여름과 가장 멀리 있는 계절이다.

　무엇보다 여름에는 여름뜨개를 할 수 있다. 취미가 뜨개라고 말하면 대다수 사람들은 여름에는 뭐 하냐고 묻는다. 같은 질문을 열 번쯤 듣고 나서야 그들에게 뜨개란 겨울 한정 이벤트라는 걸 알았다. 붕어빵, 호떡, 그리고 뜨개. 아무래도 '뜨개실'이라는 단어에서 포근함과

따뜻함을 느끼는 게 아닐까 싶다. 영화나 드라마에서는 대부분 한겨울 따뜻한 음료를 앞에 두고 뜨개 하는 할머님들이 나오니까 말이다.

울이나 앙고라처럼 도톰한 소재가 주를 이루는 실로 겨울 뜨개를 한다면 여름에는 훨씬 가벼운 뜨개를 한다. 면이나 리넨이 많이 함유되어 있어 얇은 실도 있고 고슬고슬하니 피부에 달라붙지 않는 슬라브사도 있다. 가방이나 소품을 뜰 때는 아예 종이나 메탈사를 이용하기도 한다. 종이실은 다른 실에 비해 훨씬 탄탄하고 모양이 잘 잡히는 특징이 있고 메탈사는 빛을 받을 때마다 반짝반짝 빛나 여름과 잘 어울린다. 소재가 다양하니 굳이 계절에 구애받을 필요가 없다.

나머지 계절에도 각각 선호와 기피의 이유가 있다. 뜨개를 시작한 지 얼마 되지 않았을 때, 세상 모든 걸 뜨고 싶어 하던 때에는 계절의 흐름을 실로 구분하곤 했었다. 한여름에는 어쩔 수 없이 뜨개에 소홀해지는 걸 보며 열심히 여름용 실을 찾아 헤맸고 리넨이나 면 튜브사를 만지며 새로운 세계를 접했다. 찬 기운이 감도는 실이 존재하다니! 이러면 정말 일 년 내내 뜨개를 할 수 있겠다며 좋아했었다.

최근에 사용했던 실 중에는 '도화지'가 가장 괜찮았다. 신상 목록에 올라왔을 때부터 궁금했던 마침 친구가 여름용 가방을 떠 달라기에 냉큼 사용해 보았다. 코마 코튼 60%, 폴리 40%가 섞인 실이다. 한 볼에 80g인데 중량에 비해 길이가 짧은 감이 있었다(상세정보에는 100±10m로 나와 있다).

정해진 도안은 없었지만 휴대폰과 지갑 정도 들어갈 크기에 튀지 않는 디자인으로 만들어 달라는 명확한 요청이 있어 주문대로 단순하게 만들었다. 가로 너비가 될 만큼 사슬을 만들고 짧은뜨기로 세 단 쌓아 올려 밑부분에 안정감을 주었다. 그 위로는 한길긴뜨기와 짧은뜨기를 번갈아 원하는 높이만큼 올려 주었다. 그대로 끝내기에는 아쉬워 네트 무늬 한 단을 넣었더니 순식간에 귀여운 가방이 완성되었다. 한 볼하고 조금 더 사용했으니 대략 100g 정도 소요하지 않았나 싶다(5호 코바늘을 사용했다).

실이 아무리 좋아도 더위와 계절을 핑계 삼아 잠시 쉬는 날도 있었다. 부쩍 짧아진 봄볕을 즐기느라, 장마철 빗소리에 전을 부쳐 먹다가 막걸리 한 잔 걸치는 바람에, 말과 함께 살찌느라 바빠서, 귤 까먹기 바쁜 손으로 바늘을 쥘 수 없어서… 참 다양한 이유다. 말이 나온 김에 한없이 늘어지는 뜨개를 빠르게 기강잡기 위한 나만의 코바늘 계절나기를 소개해 본다.

1. 여름을 기다리며 과일을

봄에는 여름을 기다리며 과일 모양 파우치를 만들었다. 짧은뜨기만 할 줄 안다면 원형으로 쭉 쌓아 올리기만 하면 되니 누구나 만들 수 있다. 색만 바꾸면 복숭아부터 사과, 망고까지 변신 가능한 만능 파우치다. 좋아하는 과일이 전부 여름철 과일이라 다른 계절에는 과일을 잘 입에 대지 않는다. 푹푹 찌는 공기를 뚫고 집에 들어와 한입 베어 무는 수박을 누가 이길 수 있을까. 입맛이 없을 때는 메론으로 당을 채우고, 담백하게 즐기고 싶을 때는 참외가 제격이다.

점점 짧아지고 있는 봄에 내가 할 수 있는 거라고는 벚꽃 나들이 때 입으려고 산 새 옷을 두 번 정도 입은 뒤 일찍 더워진 날씨를 욕하며 옷장에 넣어 두는 일 정도다. 어릴 때는 벚꽃을 볼 때 얇은 외투를 챙기는 게 당연했는데 이번에는 고작 긴 소매 한 겹만 입고도 땀을 흘렸다.

갑작스러운 땀방울에 당혹스러워도 어쩔 수 없다. 이미 봄은 지나가고 있으니 슬퍼하지 말고 함께 과일을 만들자. 다가올 여름을 기다리며.

2. 가을을 기다리며 체크를

여름에는 가을을 기다리며 체크무늬를 만든다. 정확히 말하면 체크무늬가 들어간 온갖 것을 뜬다. 간단한 배색으로 굉장히 그럴듯해 보이는 효과를 준다. 가을을 떠올리면 여름 더위도 그럭저럭 견딜 만하다. 봄보다 짧아진 가을이라지만 추위를 타지 않는 나로서는 남들보다 가을이 길다. 적어도 내겐 12월 중순까지 가을이다.

깅엄, 글렌, 타탄, 아가일까지 가리지 않고 모든 체크를 좋아한다(심지어 V 모양으로 표시하는 체크도 좋아한다). 나중에는 체크무늬가 가득 들어간 스웨터를 짜 봐야지 하고 다짐하지만, 두 손 배색이 서툴러 엄두를 내지 못한다. 양손으로 실도 잡고 바늘도 잡고 움직이며 뜨개하는 사람이 있다는 걸 믿을 수 없다. 방법을 찾아봐도 한 손을 신경 쓰면 한 손에 힘이 덜 들어가 장력이 달라진다. 고르지 않은 결과물이 '넌 아직 연습을 더 해야겠다.'라고 말한다. 언젠간 기필코 뜨고 말겠다.

3. 겨울을 기다리며 트리를

가을에는 겨울을 기다리며 트리를 뜬다. 엄밀히 말하자면 크리스마스를 기다린다. 많은 사람이 그렇듯 나도 연말 분위기에 괜히 들뜨는 사람이라 집에서 혼자 트리나 리스를 만들며 두근댄다.

뼛속까지 불교 신자인 할머니와 한평생을 살면서 크리스마스를 챙기는 게 다소 웃길 수 있다. 교회는 다녀본 적도 없고 12월 셋째 주부터 행사 준비로 바쁜 기독교 신자 친구들을 보며 교회에서는 무슨 행사를 하나 궁금하긴 했어도 거기서 호기심은 끝이다. 비관적으로 살았던 시절에는 예수 생일이 뭐라고 그렇게 호들갑이냐며 관심 없는 척하기도 했다. 연말이 지나면 연초가 오고 나이가 들어가며 커지는 건 배려심이나 희망이 아니라 짊어져야 하는 사회적 책임뿐이라고 생각했다.

사랑하는 사람과 간질간질거리는 데이트를 하며, 책임에는 권리가 동반한다는 걸 깨달아 가며 조금씩 크리스마스가 중요한 날로 변했다. 사람은 참 아는 만큼 보고 경험해 본 만큼 생각한다. 이 모든 인식 변화가 연말 세일로 왕창 산 뜨개실로 옷을 뜨며 일어났다고 말하면 사람들이 믿어줄까 모르겠다. 빨갛고 초록빛의 실이 하나의 옷으로 자라나는 과정을 보며 미움보다 사랑을 택하는 게 맞겠다고 혼자 고개를 주억거렸다는 걸, 누가 믿어 줄까.

겨울까지 한참이나 남았는데도 벌써 설렌다. 이번 겨울에는 어떤 뜨개를 하고 어떤 사랑을 할까.

4. 다시 봄을 기다리며 꽃을

겨울에는 다시 봄을 기다리며 꽃을 뜬다. 시들지 않는 꽃을 떠 유리컵에 꽂아 두면 그 순간만큼은 봄이다. 생화를 좋아해 가끔 사곤 하는데 오래 즐기지 못하는 게 안타깝다. 그렇다고 조화를 사자니 향도 생기도 없는 가짜를 책상에 올려두기는 싫었다. 그럼 실로 만든 꽃은 무엇이 다르냐 묻는 사람이 있었다. 많은 점이 다르다. 실로 만든 꽃에 향기는 없어도 온기는 있다. 생기 대신 이야기가 있다. 어떤 실을 골랐고 누구를 위해 어떤 꽃을 떴는지에 따라 뜨개꽃마다 이야기가 달라진다.

봄이 짧아질수록 여름이 빠르게 다가오기 때문에 겨울부터 봄을 즐길 계획을 짠다. 더워지면 밖에서 한 발자국 걸을 때마다 체력이 닳으니 주의해야 한다. 체력이 반으로 줄면 그곳이 어디든 집으로 돌아올 채비를 한다. 길바닥에서 체력이 바닥나면 그대로 녹아버릴지도 모른다.

하지만 그토록 싫어하는 여름이 올 줄 알면서도 봄을 기다리고, 여름에는 다시 가을과 겨울을 기다리고. 그렇게 1년이 지나고 나이가 든다. 현재를 즐기는 것도 좋지만 다가오는 계절을 준비하며 기다리는 것도 좋다. 딱히 뜨개를 하지 않아도 시간은 흐르지만 나는 이렇게 살고 있다. 조용하고, 폭닥대며, 꼼지락거리면서.

단종된 실에 대처하는 법
- 파란하늘 뷔스티에

실은 계속 변신한다. 원뿔 모양 지관[9]을 보통 콘이라 부르고 여기에 감겨있는 실을 콘사라고 한다. 동그랗게 폭신한 호빵 모양이라면 볼실, 꽈배기 모양으로 기다란 모양이라면 타래실이라고 부른다. 각각의 모양으로 겹겹이 뭉쳐있을 때와 가닥으로 존재할 때도 다른 느낌을 주고, 코바늘로 떴는지 대바늘로 떴는지에 따라서도 편물의 짜임이며 촉감이 다르다. 세탁하고 난 뒤에는 또 바뀐다. 앞서 말한 변화는 주관적인 기호에 따른다면 세탁으로 인한 변화는 대개 긍정적인 방향이다.

가령 부들부들한 실뭉치를 직접 만져 보고 샀는데 밑단이 겨우 넘어갈 무렵 심상치 않은 뻣뻣함을 목격한 적이 있었다. 이미 여섯 볼이나 사둔 실이라 어찌저찌 끝까지 뜨긴 했는데 내 손에 들려있던 건 부직포 같은 스웨터였다. 거친 실이 주는 매력이 있고 그게 취향인 사람도 있다. 이건 기호의 문제다. 물세탁을 하고 나면 건조 과정

---

9 종이로 만든 관. 위가 좁고 아래가 넓은 원뿔 형태로 생겼으며 이곳에 실을 감아놓으면 콘사라고 부른다.

에서 실이 자리를 잡아 코가 가지런해지고 옷태가 정돈된다. 이건 불호가 있을 리 없다. (세탁을 '잘' 해야 한다는 조건이 붙는다. 대충 세탁한 뜨개옷에 어떤 참담한 결과가 닥치는지 다음에 더 상세히 설명하겠다. 나도 알고 싶지 않았다)

  사물에도 여러 모습이 있을 수 있다는 걸 안 뒤로는 꼭 한 볼, 한 콘, 한 타래씩 사서 테스트 니팅을 한다. 손바닥만 한 스와치를 짜 보고 마음에 들면 그제야 넉넉한 양을 사는 식이다. 문제는 사둔 실이 단종되었을 경우다. 몇 년 전 가을이었나. 마실 삼아 실 구경을 갔다가 신상을 발견했다. 간절기에 쓰기 좋다는 설명을 보고 홀린 듯 샘플을 만져보다 그대로 한 콘 담아왔다. 150그램 내외인 미니 콘사였는데, 테스트용이라고 하기에는 많고 옷을 짜기엔 적은 양이었다. 일단 하나 사보고 마음에 들면 하나 더 사지 뭐! 이런 안일한 생각이 나중에 얼마나 크게 돌아오는지 전혀 몰랐다.

  뜨고 있던 옷도 있었고 그다음 뜰 도안도 미리 정해 놓았기 때문에 비운의 콘사는 계속 뒤로 순서가 밀렸다. 나중에는 밀리다 못해 기억에서 지워졌다. 당장 급한 거 아닌데 뭐. 또 안일한 생각. 그렇게 시간이 흘러 서랍장을 정리하던 내 눈에 띄고 말았다. 이제 진짜 이 아이를 사용할 때가 왔구나! 그런데 이게 무슨 일인가. 실이 단종이란다.

  [단종 예정으로 20% 할인합니다. 품절 색상은 재입고되지 않습니다.]

  이쯤에서 밝히는 이 실의 이름은 '미니코튼'이다. 이름답게 코튼 100%라 가볍고 시원해 여름부터 가을까지 잘 활용할 만했다. 꾸준하게 잘 팔리던 걸 봤는데 어째서 단종인지 궁금했지만 어른의 슬픈 사정이 있는 법이니 그냥 넘어갔다. 중요한 건 나에겐 아무것도 완성할 수 없는 한 콘만 있다는 점이었다.

실 설명 옆에 주황색 삼각형으로 '단종 예정' 글자가 강조되어 있었다. 급하게 내가 가진 색상 넘버를 확인했더니 가장 먼저 품절되는 영예를 안았다. 하루가 멀다 하고 실 구경하러 들어오던 사이트를 요즘 들어 물욕을 줄이겠다며 멀리 했던 게 이런 결과를 맞을 줄이야. 역시 사람은 살던 대로 살아야 하는 법인가 보다.

한 달 전, 친구에게 선언했던 말이 계속 맴돌았다.

– 나 이번 달은 긴축재정이야. 당분간 카페도 자제해야겠어!

대차게 말한 것치고 딱히 돈을 아껴 쓰지도 않았다. 카페를 가지 말아야겠다는 생각으로 커피 원액을 두 병이나 샀으니 그 돈이 그 돈이었다. 차라리 평소처럼 실이나 구경했더라면… 돌이킬 수 없는 일을 후회하는 건 아무 도움이 되지 않는다. 앞으로 이 실을 소진할 방법에 초점을 맞추는 게 생산적이다.

우선 미니코튼을 꺼내 급하게 샘플을 떠봤다. 5mm 바늘로 한 번, 4mm 바늘로 한 번 만들어보고 4.5mm 바늘로 작업하기로 했다. 어쩐지 방금 트리트먼트를 마친 머릿결처럼 찰랑거리면서 시원한 촉감이 나를 더 슬프게 만들었다. 실이 부족하다면 다른 실을 섞어 줄무늬로 만들자는 (내가 생각해도) 기가 막힌 아이디어가 떠올랐다. 이러면 넉넉한 품과 기장을 모두 취할 수 있겠어! 정확히 5분 뒤에 이 생각은 전혀 기막히지 않다는 걸 알았다.

서로 다른 종류의 실을 함께 잡고 뜨는 걸 '합사'라고 한다. 말 그대로 실과 실을 합쳤다는 말이다. 이때는 작업자가 원하는 대로, 섞고 싶은 대로 섞어서 뜨면 된다. 지금 내가 하고 싶은 건 각각 다른 실로 부분을 나눠 뜨는 행위다. 희고 검은 걸 섞어 회색 코끼리를 만드는 게 아니라 흰색과 검은색이 섞인 얼룩말을 만들고 싶은 거다.

 두 가지 실을 사용할 때 주의점은 서로 비슷해야 한다는 점이다. 극단적인 예시를 들자면 가진 실이 손가락만한 두께라면 얇은 실과 섞어 쓰는 건 불가능하다. 두께며 소재가 비슷해야 실이 따로 놀지 않고 어우러질 수 있다(최근에 의도적으로 다른 소재의 실을 사용해 뜨는 옷을 봤는데 당시 나에겐 그런 융통성은 없었다).

 내가 가진 미니코튼은 '마린블루' 색상으로, 선명하고 채도가 높은 파란색이었다. 가장 어울리는 색상을 고려할 필요도 없이 흰색으로 답은 정해졌다. 빨간색을 가져다 대면 태극기 같고 회색을 붙이려니 양쪽 색이 모두 죽어 버렸다. 배색이 고민될 때는 흰색이 최고다. 자, 이제 비슷한 굵기의 흰 면사를 찾으면 된다.

 하늘 아래 같은 색조는 없다던 오래된 유행어처럼 하늘 아래 같은 실은 없었다. 코튼 100%라는 조건은 충족하지만 후가공 처리에서 차이가 나는 건지 완벽히 일치하는 실을 찾기란 몹시 어려운 일이었다. 게다가 긴축재정에 돌입했던 사정이 여기에도 적용되는 바람에 일정 이상 투자하는 건 불가능했다. 여러 실을 고르고 살피다 선택한 건 다이소 뜨개실이다.

 단돈 천 원이라는 충격적인 가격에 면사를 색색 별로 고를 수 있다니! 한 볼에 25g밖에 되지 않는 적은 양이지만 그래도 천 원은 어디서도 찾아볼 수 없는 가격이다. 장난 반 진심 반으로 한 볼 사와 기존 실과 함께 떠 보니 나쁘지 않은 궁합이었다. 차이가 아예 없다는 건 아니지만 발품이며 손품 파는 일에 지쳐 이만하면 됐다는 조그마한 합리화가 끼어 있었다.

두 실 모두 권장 바늘 굵기가 3~3.5mm였지만 시원하게 입을 생각으로 고무단 4mm, 몸통 4.5mm로 작업했다. 밑단부터 가슴부분까지 늘림도 줄임도 없이 원형으로 뜬 뒤 어깨끈만 따로 달아 주었다. 도안 없이 대충 콧수만 계산해 떴는데, 아주 성글지도 너무 촘촘하지도 않게 원하는 대로 완성했다. 입었을 때 어깨끈과 가슴 윗부분이 직각으로 이어지며 시원하게 파인 모양이 마음에 든다. 전에 만들었던 조끼보다 얇은 어깨끈을 보고 뷔스티에라고 부르기로 했다. 옛날에는 뷔스티에, 라고 하면 옷 위에 입는 속옷 밖에 안 떠올랐지만 시간이 흐르면서 티셔츠 위에 걸치는 옷을 두루 일컫는 말이 되었다. 다만 어깨끈이 비교적 얇다는 특징이 있다. 소매가 없는 옷을 모두 조끼라고 부르니 조끼는 대분류, 뷔스티에는 소분류 정도로 보면 되지 않을까.

파란색과 흰색의 조합이 꼭 여름하늘 같아 '파란하늘 뷔스티에'라고 이름 붙였다. 깨끗하고 미세먼지 없는 하늘 같다. 여름에 입을 생각하고 뜬 건데 다 뜨고 나니 어쩐지 더위가 가셨다. 아무래도 실을 고르는 동안 여름 끝물이 다가왔나 보다. 아쉬우니 위에 셔츠를 걸쳐 당분간 입고 다녀야겠다.

 실 소요량 계산을 잘못해 중간에 실이 떨어진 적은 많아도 아예 단종되어 구할 수 없었던 건 처음이었는데 나름 잘 대처했다. 예상치 못한 고난에도 사람은 어떻게든 방법을 찾고 해결한다.

 우리는 매 순간 끊임없는 선택을 하고, 갈림길에서 뒤도 돌아보고, 중간에 주저앉기도 한다. 그때마다 최선의 방법으로만 나아가는 게 과연 가능할까. 그때는 맞았어도 지금은 틀릴 수도 있는 게 최선이다. 최선을 고르는 것보다 최악을 고르지 않는 게 더 중요하지 않을까. 단종된 실이니 이걸론 아무것도 못하겠다며 심통만 부릴 바에야 어떻게든 닮은 실을 찾아 뜨개를 이어가는 게 내 최선인 줄 알았다. 단종된 실을 중고장터에서 구하는 방법이 더 나을 수 있었겠다는 건 이미 옷을 완성한 후에나 생각났다. 어차피 어떤 선택을 했어도 미련은 남는다.

항상 생각대로 되지 않듯이 생각지도 못한 타이밍에 해결책이 불쑥 튀어나오기 마련이다. 차선이든 최선이든 파란 하늘을 닮은 옷이 생겼고 아주 마음에 든다. 이 기어과 경험이 다음 고난에 어떻게든 도움이 될 거라고 믿는다. 사람은 이렇게 발전하고 나아간다.

언제쯤이면 어른이 될까
- 카라 스웨터

 가늠되지 않는 미래를 떠올릴 때 꼭 듣는 노래가 있다. 윤현상과 아이유가 함께 부른 '언제쯤이면'이라는 노래다. 헤어진 연인을 그리워하며 언제쯤이면 웃으며 마주할 수 있을지 생각하는 내용인데, 음악적 구성도 좋지만 나는 무엇보다 그 단어 자체에 꽂혔다. '언제쯤이면'이라는 말의 어감이 그렇게 좋다. 절망과 후회가 함께 느껴진다고 해야 할까. 마지막으로 들었던 게 취업 준비를 하던 때였나. 아니, 직장에서 편도 두 시간 거리에 있는 집을 원망하며 퇴근길에 들었던 것 같다. 다른 직장으로 옮기고 나서는 이 노래를 들은 기억이 없다.

 뜨개가 길어지니 자연스레 노래를 찾아 들었다. 대체 언제 완성할 수 있냐고 스스로 물으며 귀로는 노래를 듣고 손으로는 뜨개를 했다. 시간이 오래 걸린 이유를 따져 보자면 당연히 내 게으름이 첫째이자 전부다. 열의만 있다면 취미든 일이든 늘어질 까닭이 없다. 그렇지만 조금 핑계를 대보자면 '주디스 매직 캐스트온'이 걸림돌이었다. '주디스 매직 캐스트온'은 2006년 'Judy Becker'가 뜨개사이트에서 소개한 코잡기 방법이다. 발끝부터 뜨기 시작하는 토업 양말을 뜨기 위한 코잡기로 소개했는데, 편물을 양면으로 뜰 수 있어서 양말뿐 아니라 카라 등에서도 널리 쓰이고 있다. 방황하는 나를 위해 수많은 인터넷 선생님들이 아주 친절한 영상을 올려놨는데도 편물은 양면으로 엉망이 되고 나만 진땀을 빼고 있었다. 처음 몇 번은 코잡기부터 실패했고 코를 선 후에는 이쪽저쪽 바늘을 옮기는 과정에서 자꾸 코가 빠졌다. 그럼 다시 코를 걸고 또 코가 빠지고……. 코라는 단어를 그만 말하고 싶다.

처음이었고, 어려웠다. 뜨개를 몇 년이나 취미로 가졌다는 사람이 어떻게 주디스를 이제야 해 보나 싶을 수도 있다. 하지만 진지하게 뜨개를 즐길 동안 시도하지 않았다. 왜냐면 어려워 보이니까….

어려운 게 싫다. 날 힘들고 지치게 만드는 것들이 지천에 널렸는데 재밌자고 시작한 취미 생활에서까지 스스로 역경을 마주해야 하나? 젊어서 고생은 사서도 한다는 말은 여가에 한해 적용하지 말아야 하는 문장이다. 평범하게 코 잡고, 겉뜨기와 안뜨기, 코를 늘리거나 줄이는 방법 한두 개씩만 알아도 뜰 수 있는 도안이 얼마나 많은데!

되돌아보면 늘 이런 식이었다. 초등학교 입학과 동시에 피아노 학원에 다니기 시작했는데 얼마 안 가 또래들의 진도를 모두 앞질렀다. 이론 습득도 빨랐고 흥미가 높아 매일 학원에 남아 혼자 연습했다. 학원이 학교보다 좋아져 하교 시간만 기다린 적도 있다. 바이엘과 하농, 체르니, 소나티네를 거쳐 베토벤과 쇼팽으로 넘어갔을 무렵 즉흥환상곡이라는 벽을 만났다. 이십년 전 일이라 정확히 어떤 부분이 어떻게 어려웠는지 기억은 안 나지만 마음대로 손이 움직이지 않을 수 있다는 걸 처음 느꼈다. 초견도 아닌데 계속 막혔고 피아노 학원이 점점 싫어졌다. 한 곡에서 오래 머무르는 동안 다른 아이들은 내 진도를 따라잡거나 지나쳤다. 클래식이 나와 맞지 않는 거라며 중간에 뉴에이지로 도망쳤다. 절대 뉴에이지가 만만하다는 게 아니다. 그냥 도피처가 필요했을 뿐이었다. 한 번 떨어진 흥미는 올라붙을 기미가 없었고 그대로 피아노를 그만뒀다. 표면적으로는 영어와 수학 학원을 다니기 위해서, 라고 했지만 사실은 계속 같은 곡만 치는 모습을 다른 아이들에게 보여주기 싫었다.

어릴 때부터 자존심만 세서는 극복 대신 외면을 선택하고 말았다. 한계라는 벽에 살짝이라도 부딪치면 다리라도 부러진 것처럼 절뚝이며 다른 길을 찾는다. 잠깐 닿았다 떨어진 게 전부면서. 포기가 습관처럼 자리 잡았으니 뜨개라고 다를까. 주디스를 익히지 않았던 것도 같은 맥락이다.

하지만 어느 순간 입이 트이며 풍월을 읊는 서당 개의 심정으로 갑작스런 발전 의지가 솟구쳤다. 평소에는 구한말 사람처럼 살다가 특정 기간만 되면 문명의 이기를 누려야 21세기를 사는 거라며 전자상가를 둘러볼 때가 있는데, 주로 과학 기술과 관련한 기사를 읽고 난 뒤에 그렇다. 이번엔 초전도체 관련 뉴스를 보고 그랬다.

나는 개도 아닌 사람인데 삼 년이나 뜨개를 했으면 이 정도는 할 줄 알아야지. 좁은 원통 뜨기가 귀찮아 매번 반소매 혹은 조끼만 뜨던 사람이 갑자기 긴 소매 스웨터를 만들어야겠다는 생각이 들었고 거기에 더해 그동안 외면해 온 기법을 익혀야겠다는 생각까지 모두

한 번에 들었다. 이유가 뭐든 의지가 충만해지는 건 극히 드문 일이니 생각난 김에 바로 바늘을 들었다. 새로 익힐 기법을 주디스로 정하고 긴 소매 옷을 생각하니 자연스레 카라 스웨터를 뜨기로 했다. 카라 부분을 뜰 줄 몰라 모셔두기만 한 도안이다. 자, 그럼 의욕과 실과 바늘, 시간까지 모든 준비가 끝났으니 시작만 하면 된다. 한 줄… 두 줄…. 손을 멈췄다. 이렇게 하는 게 맞아?

 다 건너뛰고 몸통부터 뜨고 싶었지만 카라부터 뜨기 시작해 톱-다운으로 내려오는 스웨터였기 때문에 그건 불가능했다. 결국 시작하는 데만 일주일이 걸렸다. '에어울' 라이트 그레이 색상을 사용했고, 두 줄로 잡아 5mm 바늘로 진행했다. 카라와 고무단은 4mm 바늘로 떴다. 소매를 뜨면서도 대체 얼마나, 어디까지 떠야 좋을지 몰라서 뜨다가 열 번도 더 입어봤다. 바늘이 빠지지 않도록 조심하며 슬금슬금 입는 모양새가 웃겼다. 도안에 떠야 하는 단수가 적혀 있었지만 사람마다 팔 길이가 다르기에 도안은 그저 참고용이다. 손목을 지나 손등을 살짝 덮는 포근함을 위해 노력한 결과 원하는 기장으로 완성되었다.

 우여곡절 끝에 완성하고 나니 눈물이 핑 돌았다. 오래 걸렸지만 포기는 하지 않았으니 의미가 깊은 옷이다. 피아노를 그만두지 않았다면 혹시 업으로 삼았을까. 아니다. 그 정도 소질은 없었던 것 같다. 이제 주디스를 익힌 덕분에 장바구니에 담아두기만 했던 다른 도안들도 건드릴 수 있다. 아직 한 번에 정갈하고 예쁜 태가 나오진 않아도 시도를 해 볼 수 있다는 게 중요한 거 아니겠나. 어릴 때는 이 나이쯤 되면 하고 싶은 일은 모두 하고 살 줄 알았는데 오히려 재는 게 많아져 못 하는 일투성이다.

고등학교 2학년 때 하라는 자습은 안 하고 매일 일기를 썼다. 그 중 하루는 이런 말을 썼다.

- 어른이 되면 더는 새로운 걸 배우고 싶지 않다.

인생의 목표가 수능과 입시였던 수험생활이 힘들었나 보다. 사람은 배우지 않으면 뒤처진다는 걸 몰랐던 18살은 성인이 된 후 그 사실을 알아버렸지만 여전히 성장보단 안온한 권태를 느끼며 살게 되었다. 슬픈 일이다. 그로부터 10년이 지났고 아직도 어른이 되려면 멀었다. 만 나이 도입으로 어려진 건 숫자라는 허물인데 왜 정신연령도 같이 어려지는지 모르겠다. 나는 어른이라는 단어의 무게를 짊어지기 싫어하는 어중간한 사람이다. 몸은 자랐는데 책임은 힘겨운 내가, 언제쯤이면 받아들임과 떠나감에 익숙해지고 인내할 줄 아는 어른이 될지 모르겠다. 대체 언제쯤이면.

T형 인간에게 수제 옷을 선물한다는 건
– 무도안 꽈배기 조끼

오랜 친구 백씨가 다시 등장한다. 재차 말하지만 백씨의 성은 백이 아니다. 그냥 백씨로 적어 달란다. 중학교 1학년 때 같은 반이 된 걸 기점으로 15년 차에 접어든 친구다. 중학생 시절을 내내 함께 다니다 같은 고등학교에 진학했고 지금까지 한 번도 연락이 끊긴 적 없는 막역지우다. 소원해진 적도 없고 싸운 적도 없다. 소개팅 어플에서 공들여 답한 성향 조사를 기반으로 매치해 준 사람이래도 백씨보단 취향이 덜 겹칠 것 같다. 실 용보다는 미학, 감정보다는 논리, 유흥보다는 지적 허세를 원하는 흔치 않은 사람이다. 중요한 점은 큰 카테고리를 공유하되 세부 사항이 다르다는 점이다.

함께 도서관을 가면 나는 현대 소설을 먼저 집고 백씨는 희곡을 자주 집는다. 난 서양 철학을 좋아하고 백씨는 동양 철학을 더 좋아한다. 난 뜨개를 하고 백씨는 도예를 한다. 고상한 취향처럼 적어놨지만 철학에 관해 이야기하다가도 유치한 농담이나 말장난을 주고받으며 깔깔댄다. 대충 비율로 따지자면 진지한 주제가 1할, 거기서 파생된 헛소리가 9할을 차지한다. 그 헛소리가 서로 너무 재밌어서 문제다.

비가 오면 우산을 챙겨 마중 가고 뚜렷한 이유 없이 매일 연락하며 서로 좋아할 것 같은 물건을 찾게 되면 굳이 사서 선물하는… 말하다 보니 친구가 아니라 연인에 가까운 것 같다. 연애할 때도 못 받아 본 깜짝 선물을 백씨에게서 심심치 않게 받은 기억이 있는 걸 보니 이건 사랑인가(아니다).

또 하나의 공통점이 있다면 둘 다 대문자 T형 인간이라는 거다. 난 MBTI 유형 중 가장 따뜻한 로봇이라는 INTP다. 백씨는 사람을 고작 열여섯 가지 유형으로 나누는 건 말도 안 되는 일이라며 MBTI를 부정한다. 그래서 본인의 MBTI를 모른다. 다 재미로 하는 거지! 진심으로 매몰되는 사람이 어디 있어! 하고 은근 검사를 부추겨 봤는데 족족 거절당했다. (어느 옛날에 한 번 해 봤는데 관심이 없어서 잊었다고 했다) 나머지는 모르겠고 T형 인간인 건 확실하다.

어디가 아프다고 말하면 적중률 100%로 병원에 가라는 말이 나온다. 그렇지. 아프면 병원을 가야지. 병원을 가라는 말을 들으면 다른 한쪽의 대답은 둘 중 하나다. '어, 안 그래도 지금 가고 있어.' 혹은 '그 정도는 아닌 듯?'

단순하고 담백한 애정으로 이어진 관계는 특별한 사건이나 사고로 강렬하게 맺어진 관계보다 질겼다. 시간이 흐르고 흘러 어느덧 서로를 몰랐던 기간보다 알고 지낸 기간이 길어졌다. 처음에 그저 같은 반 학우1과 학우2로 지낼 때는 이렇게 오래 볼 줄 몰랐다. 그때 평생 연락할 줄 알았던 친구들은 지금 어디서 무얼 하는지도 모른다. 간간이 프로필 사진이 바뀌면 잘 지내겠지 추측하는 정도다.

당장 이 글을 쓰고 있는 지금도 백씨와 함께 카페에 있다. 나란히 아이스 아메리카노를 마시며 나는 글을 쓰고 백씨는 휴대폰을 만지고 있다. 분명 어제도 만났는데 오늘 또 만났다. 조금 징그럽다.

2022년 4월, 백씨와 울릉도 여행을 갔다. 울릉도에 영문 모를 낭만을 느껴 버린 우리는 편도 10시간을 꼬박 이동해 입도했다. 아침 7시에 도착해 바로 숙소에 들어갈 수는 없었고 바다 구경이나 하며 걷기로 했는데 조금만, 조금만 더, 하며 산길로 들었더니 어느새 산 중턱이었다. 항구에서 항구로 이어진 산길이었다. 이미 중간 지점을 넘어 돌아가는 것보다 다음 항구로 가는 게 **빠를** 듯싶었다. 당시 나는 약 15kg 정도 살이 찐 상태라 몸이 아주 무거웠는데, 통 넓은 청바지에 밑창 얇은 운동화를 신고 산을 넘으려니 죽을 맛이었고 표정에서 여과 없이 드러났다. 반면에 백씨는 종종 가족끼리 등산을 즐기며 체력이 좋아 힘들어하지 않았는데, 혼자서 한 두 시간이면 충분히 넘어갔을 산길을 나 때문에 세 시간이 넘는 시간동안 천천히 하산해야 했다. 세 시간 내내 힘들다고 칭얼대는 나를 보면서도 힘들면 잠깐 쉬자는 말 외에는 전혀 불만하지 않은 게 대단했다. 와중에 미안한 마음이 들어 백씨에게 사과했는데 돌아오는 대답이 충격적이었다.

"괜히 나 때문에 더뎌지네. 미안해."

"괜찮아. 덕분에 풍경을 천천히 감상할 수 있어서 좋아."

어떻게 이런 대답을 할 수 있는 거지? 조금도 예상하지 못한 반응이었다. 백씨의 마음에는 나를 미워하는 마음이 한 톨도 없구나. 저

말을 들었던 현장에서는 무어라 화답하지 못 했지만 몇 년이 지난 지금까지도 내게 큰 감동으로 남아 있다. 여태까지 그랬지만 앞으로도 백씨에게 잘해야겠다고 다짐했다.

소중한 백씨에게 직접 뜬 옷을 선물하기로 했다. 다른 사람에게 수제 옷을 선물한다는 건 자칫 부담스러울 수 있으나 백씨에게 그런 걱정은 필요 없다. 부담은 친밀도가 낮을수록 커지는 법이다. 도안은 없었고 대충 머릿속에서 꽈배기 조끼를 떠야겠다는 구상만 했다. 에어울 라이트그레이 2합과 출처 불명의 베이지 색상 중고 실을 합사해 4mm 바늘로 작업했다. 몸통 고무단부터 시작하는 보텀-업 방식으로 떴는데, 얼렁뚱땅 무도안 작업 중 처음으로 풀지 않고 한 번에 완성했다! 정말 기쁜 일이 아닐 수 없다. 기껏 작업한 편물을 풀어내고 다시 뜨는 데에 얼마나 많은 시간을 쏟았던가. 이제 나도 뜨개 고수의 길로 들어서게 되었나!

그럴 리가 없다. 전에 떴던 기본 브이넥 디자인에 꽈배기 문양만 넣었으니 당연히 능숙하게 뜨는 게 맞았다. 당시 옷을 완성하고 나서는 이 당연한 사실을 곧장 깨닫지 못했지만 그때만큼은 잠시 행복했으니 됐다.

백씨의 생일은 12월 중순이지만 옷은 말일에 선물했다. 다른 이유는 없고 그냥 늦게 만들어서다. 이 과정에서 선물을 늦게 줄 수밖에 없다는 걸 백씨에게 말해야만 했고 서프라이즈 선물은 물 건너갔는데, 백씨는 참 백씨답게 말했다. 아래는 백씨 생일에 나눈 대화이다.

나 : 생일선물로 조끼를 떴는데 완성을 못했어. 슬프다.

백씨 : 천천히 해. 굉장히 정성 넘치는 선물이야. 그리고…

나 : 저번 주부터 떴는데 완성을 못 할 줄이야.

백씨 : 시간이 매우 촉박한… 일주일 만에 뜰 수 있는 거야?

나 : 내 예상에는 그랬어. 실패…

백씨 : 실력 많이 늘었네 진짜 속도 엄청 빠르다.

나 : 다음 주 중에 줄게…

백씨 : 기대할게.

대화가 어색하게 느껴진다면 제대로 읽었다. 어미에 형용사나 부사가 오는 건 오타가 아니다. 일상 대화임에도 문어체에 가까운 문장을 주로 쓴다. 메신저 대화든 입으로 내뱉는 대화든 마찬가지다. 심시티 주민들처럼 말하는 게 우리끼리는 전혀 어색하지 않다. 원래 다른 사람들도 이렇게 소설 지문처럼 말하나 싶었는데 당장 나만 해도 백씨가 아닌 사람과는 NPC처럼 말하지 않는다. 다른 사람들과 나누는 담소가 불편하다는 건 아니지만 백씨와의 대화에는 정제된 단어와 표현이 주는 안정감이 있다. 두루뭉술하게 넘기는 말 없이 적확한 단어를 찾으려 때때로 사전을 찾아보는 것도 백씨뿐이다.

백씨는 조끼를 실물로 받은 날 오! 하는 짧은 감탄사와 앞에서 했던 칭찬 몇 마디를 전했고 잘 입겠다는 인사로 소감을 마무리했다. 정말 간결하고 백씨다운 감사 인사였다.

옷을 선물한 지 삼 개월 만에 착의 모습을 봤다. 나만 처음 본 게 아니라 백씨도 처음 입어 봤다고 한다. 흰 셔츠와 함께 입어야 할 것 같아 셔츠를 살 때까지 보관했다고. 셔츠 하나 사는데 이렇게 오래 걸릴 일인가 궁금했지만 무언가 이유가 있었겠지, 하고 넘어갔다(지적하거나 비꼬는 게 아니라 정말 순수하게 궁금했다). 정말 오랜만에 함께 놀이공원을 갔고 슬금슬금 줄어드는 대기 줄 속에서 백씨와 조끼 사진을 찍었다. 가감 없이 백씨의 몸통만 잘라 찍는 내 모습이 웃겼고(백씨 얼굴은 굳이 필요 없었기에) 생각보다 조끼가 잘 어울리는 백씨 모습이 두 배로 웃겼다. 기다리던 열기구 모양 놀이기구를 타며 언젠가 진짜 열기구를 타자고 약속했다. 체력 부족으로 다섯 시간 만에 탈진해 도망쳤지만 놀이공원은 재밌었고 누구 하나 볼멘소리 내지 않아 기분 좋게 돌아왔다.

백씨에게 뜨개 요청이 들어왔다. 개구리에 이어 두 번째 요청이다. 양말을 떠야 한단다. 그래도 이번엔 마냥 떠 달라는 게 아니라 배우겠다고 한다. 어떻게 알려 줘야 가장 쉬우면서 내 복장이 터지지 않을는지 고민하는데 도예 수업에 갔던 백씨에게 메시지가 왔다.

    백씨 : 나 우산 없어…
    나 : 이런 날에… 우산이 없어…?
    백씨 : 응 없어… 나오고 깨달았어.
    나 : 하지만 다시 들어가기엔 늦어버렸구나
    백씨 : 비 맞으면서 정류장까지 뛰어옴

나 : ㅋㅋㅋㅋㅋㅋㅋㅋㅋㅋㅋㅋㅋㅋㅋㅋㅋ

백씨 : 조금? 비참했어

나 : 이따가 수업 끝나면 더 많이 올 것 같은데…. 어떡해요?

백씨 : 그러게요…?

나 : 데리러 갈까?

백씨 : 우와 조금 기다렸어

나 : ?

백씨를 데리러 가야 해서 이만 줄인다.

썩지 않는 마음
- 뜨개 케이크

　기념일 중 으뜸은 생일이다. 타인과 맺는 관계성에서 오지 않고, 나라나 종교에서 기인하지도 않으며, 기업에서 특정 제품을 팔기 위한 목적으로 퍼트리지도 않은 날이다. 오로지 나를 위한 날이다. 특별히 잘한 일 없이도 들뜨고 누군가 사소한 실수를 해도 너그럽게 용서하는 관용마저 생긴다. 어렸을 때는 특히 심했다. 나를 얼마나 친밀하게 여기는지 생일을 통해 확인하기도 했다. 축하 편지와 정성스럽게 포장한 선물은 그 시절 우정의 척도였다. 정작 집에서는 가족들이 생일 케이크도 잘 안 사 주는데 학교에서는 친구들이 온갖 유난을 다 떨어 주니 가족보다 친구가 중요한 시기였다. 스케치북에 그동안 찍었던 사진을 인화해 붙이기도 하고 알록달록 꾸민 종이박스에 과자를 잔뜩 담아 주기도 했다. 혹시나 생일을 잊고 지나간다면 서운함을 넘어 대차게 싸우고 절교하는 일도 심심치 않았다. 모두 사춘기 열여섯의 일임을 참고하자.

　십수 년이 지나자 생일에 대한 집착이 서서히 사그라들었다. 친구들은 모두 뿔뿔이 헤어져 전국 팔도에 포진해 있고 단 둘이서도 약속 잡기가 버거웠으며 셋 이상이 시간 맞춰 모이려면 길거리에서 4

등짜리 복권을 줍는 정도의 기적이 일어나야 가능했다. 어떤 친구는 역마살이 끼었는지 일주일마다 옮겨가며 지방을 떠돌고 있다. 지난주에는 부산에 있었는데 이번 주에는 일본에 있고 다음 주에는 제주도에 간단다.

각자의 삶을 이어나가는 것만 해도 상당한 기력을 소모하는 중에 생일은 양날의 검이다. 일상을 환기하는 약이면서 휴일에 부담을 주는 독이 된다. 날 위해 시간을 내는 친구들이 혹여 휴일에 쉬지 못하는 불상사를 겪고 있는 건 아닌지 걱정되고 내가 친구를 위해 찾아가는 시간이 그들에게 같은 부담을 주고 있을까 노심초사다. 몇 번인가 조그마한 커스텀 케이크를 주문해 선물해 보기도 했는데 하루 이틀만 지나면 못 먹고 버리게 되는 선물은 어딘가 허망했다.

그러다 서서히 서로에게 더 중요한 것들, 직장 생활이나 타지의 삶, 연인과 새 친구들 같은 것들에 집중하느라 연이 멀어진다. 천천히 자연스럽게. 특정한 사건으로 얼굴 붉히며 멀어지는 것보다 훨씬 예의 있는 이별이다. 그러다 간혹 안부를 묻고 싶어질 때가 오면 그저 혼자 궁금해 하고 마는 낡은 사진 같은 사이로 남는다.

스쳐 지나가는 얼굴이 있다. 학창 시절 내내 부지런히도 챙겼던 생일마다 서로 사진을 찍어 주었던 친구다. 부모님이 장미농원을 하셔서 주말마다 장미 따는 일을 돕는다고 했는데, 나비를 무서워하던 게 특이했던 이 친구를 장미라고 부르겠다. 각자 다른 고등학교에 다니면서도 생일을 챙겨 주겠다며 야자 대신 내가 다니던 학교로 한 시간 동안 버스 타고 왔던 친구다. 대학교 3학년 무렵 노량진에서 공무원을 준비한다던 장미는 서서히 나와 멀어졌다. 시험을 준비하던 첫해에 내 생일을 축하한다며 케이크 기프티콘을 보내 줬었는데, 작은 방에서 얼마나 힘들게 공부하는지 알고 있던 터라 선물을 거절했었다. 시험 잘 끝나면 두 배로 달라며 힘내라는 말을 했었는데 그게 마지막 연락이었다. 공부에 방해가 될까 일부러 잘 연락하지 않았는데 그 기간이 길어져 지금까지 와 버렸다. 햇수로 7년쯤 된 것 같다. 장미가 아주 가끔 SNS에 사진을 올리면 근황을 추측한다. 시험은 잘 끝낸 걸까, 지금은 다른 일을 하고 있을까. 깊었던 사이일수록 관계의 공백기가 치명적이라 먼저 연락하는 데까지 용기가 필요했다. 차라리 그때 케이크 기프티콘을 받고 같이 먹자며 얼굴이라도 한번 볼 걸 그랬다.

장미를 경제적으로나 심적으로 배려하겠다는 허울 좋은 포장 아래에는 그저 내가 케이크를 좋아하지 않는다는 치사한 사실이 숨어 있다. 커피와 먹어야 한 조각 겨우 해치우는 케이크를 한 판이나 집에 뒀다가는 금세 무르고 상해 버리게 된다. 상했더라도 선물 받은 케이크를 음식물 쓰레기봉투에 담아 버리는 일이 마음 불편했기 때문에 아예 받지 않았던 거다. 그냥 나를 위해 받지 않았다. 공교롭게도 지금 이 글을 쓰고 있는 날이 장미의 생일이다. 그래서 그런가, 오늘따라 장미가 궁금하다.

그날 케이크를 보내며 장미는 어떤 마음이었을까. 기껏 보낸 선물에 거절 버튼을 누른 나에게 어떤 감정을 느꼈을까. 내 생각이 짧았다. 아무리 생각해도 케이크를 받았어야 했다. 냉장고에서 썩는다고 한들 장미의 마음이 상처받는 것보다 나빴을까. 생각이 많아지니 손이 자꾸만 옴짝거렸다. 이럴 때는 실을 쥐고 바늘을 잡아야 마음이 차분해진다. 나는 흰색 실을 사와 코바늘에 걸었다. 장미가 주었던 생크림 케이크를 떠야겠다.

다이소 구름 뜨개실과 튤립 고비늘 5호를 사용했나. 사슬뜨기로 시작해 양끝을 줄이며 평면으로 뜨다보면 길쭉한 세모꼴의 조각 케이크 윗면이 만들어진다. 처음에 사슬로 시작한 걸 제외하면 끝날 때까지 전부 짧은뜨기만 이용하니 뜨개 경력에 상관없이 누구나 만들 수 있다. 윗면에 이어 실을 끊지 않고 그대로 빙글빙글 돌려가며 밑동을 만든다. 윗면이 삼각형이기 때문에 밑동도 삼각 모양이 된다. 중간에 빵 시트를 표현할 연갈색 실과 과일—체리나 딸기라고 상상하자—을 표현할 빨간색 실을 섞어가며 몇 단을 더 떠 주면 매가리 없어 보이는 조각 케이크 껍데기가 보인다. 안에 솜을 채워 모양을 잡아 주어야 제대로 형태가 유지된다. 솜을 꽉 채우면 각이 사라져 둥글어지니 80퍼센트만 채운다는 생각으로 넣어야 한다. 그럼 먹음직스러운 조각 케이크 완성이다. 색 조합만 바꾸면 같은 방법으로 다양한 케이크를 만들 수 있다. 초코 케이크와 고구마 케이크, 연분홍 크림이 올라간 체리 케이크까지 만들어 한 데 모아놓았더니 조각이 모여 한 판이 되었다. 모두 다른 색과 재질인데 제법 어울렸다. 각 조각에 작은 체리나 딸기를 떠 위에 붙였더니 한층 귀여움이 올라갔다.

이 케이크는 영원히 썩지 않는다. 종종 꽃이 시드는 게 아쉬워 뜨개꽃을 떴던 것처럼 이번엔 썩지 않는 케이크를 만들었다. 케이크의 본분이 맛이라면 제 역할을 못 하는 거겠지만 뜨개 케이크의 본분은 그대로 존재하는 거다. 변하지 않고 상하거나 썩지 않고 그 자리에 가만히 있는 것. 그거면 충분하다.

  모른 척 뜨개 케이크 사진을 보내며 생일 축하한다고 말해 볼까 고민했다. 장미는 예전처럼 다시 반갑게 나를 맞아 줄까. 확신이 없어 거실 탁자에 그냥 올려 뒀다. 한 번만 용기내면 되는 일인데 아무래도 쉽지 않다. 저 케이크가 언젠가 장미에게 갈 날이 오길 바란다. 그럼 그 날이 언제든 나는 생일 축하한다고, 그때 보내 준 축하 메시지가 정말 고마웠다고 말해야지.

제로부터 시작하는 뜨개

- 유리알 반소매 니트

 정확히 1년 전 떴던 반소매 니트가 있다. 본래 연인을 위해 뜨던 옷이었지만 헤어지는 바람에 전부 '푸르시오' 한 뒤 나를 위해 새로 뜬 옷. 책의 가장 첫 꼭지에서 소개한 바로 그 옷이다. 열렬히 사랑했던 사람을 잃었다는 슬픔에 무작정 떴던 연회색 옷은 이제 내 손에 없다.

 뜨고 나서 한동안 잘 입고 다녔다. 초여름부터 늦가을까지 과장 좀 보태 교복처럼 입었다. 날이 추워지며 옷장에 넣어 놨던 걸 올봄에 다시 꺼냈는데, 이제 입을 수 없을 정도로 옷이 커져 있었다. 세탁의 문제는 아니었다. 이전 잘못된 세탁으로 돌이킬 수 없는 강을 건넌 옷들이 있기에 이후로는 꽤 엄격하게 규칙을 지켜 세탁하고 있다. 답은 하나다. 무슨 짓을 해도 빠지지 않던 살이 일 년 사이 쑥쑥 빠졌던 거다.

 생각보다 스트레스에 약했던 건지, 그만큼 그 사람을 좋아했던 건지 살이 많이 빠졌다. 체중계에 올라 확인하니 11kg이라는 놀라운 감량 수치를 목도했다. 체지방량이 중요하겠지만 어쨌든 맞지 않던 바지가 잠긴다는 기쁜 소식을 친구 백씨에게 말했다. 사이즈까지 재며 직접 뜬 옷이 이제 맞지 않는다니 어쩌면 좋을지 호들갑을 떨었는데 백씨는 단칼에 대답했다.

그 옷 원래 컸는데? 몇 번이나 말했는데 네가 그냥 입고 다닌 거잖아.

맞다. 백씨는 작년부터 줄곧 '그 옷 너무 커'를 주장하던 사람이었다. 귀 막고 눈 감아 모른 척한 건 나였다. 풍채가 있으니 이 정도는 넉넉해야 입을 수 있다고, 원래 느슨하게 입으려고 크게 뜬 거라고 변명으로 백씨의 말을 무시했었다. 사실 나도 어느 정도 큰 건 알고 있었는데 굳이 변명까지 하며 입고 다닌 건 두 가지 이유가 있었다.

1. 이미 중간에 여러 번 풀고 다시 뜬 옷을 또 풀고 싶지는 않았다.
2. 큰 옷으로 몸을 감싼 느낌이 꼭 누군가 날 안아주고 있는 것 같았다.

2번의 '누군가'란 물론 헤어진 연인을 말한다. 그를 위해 준비했던 실로 굳이 큰 옷을 만들어 몸을 덮고 있단 사실이 내심 위안이었을지도 모르겠다. 헤어지자마자, 당시에는 그랬다는 말이다.

정확한 착의 모습이 기억나지 않아 사진첩을 찾아보니 딱 한 장 남아 있다. 자존감이 바닥을 칠 때라 사진 찍는 걸 극도로 싫어했는데 용케 한 장이 살아남았다. 기억하던 것보다 목둘레며 가슴둘레며 모든 곳이 훨씬 컸다. 지금 입었다가는 길거리에서 풍기문란죄로 잡혀가기 딱 좋은 옷이다. 신고당하기 전에 날을 잡아 모두 풀었다. 뜬 지 한참이나 지났고 세탁도 여러 번 한 옷을 푸는 건 처음이었다. 풀어 내는 데에 생각보다 오래 걸렸는데, 역시 처음 느꼈던 실의 감촉과는 사뭇 달랐다. 부드럽고 하늘거리던 실은 많이 헤졌고 단단해졌고 뻣뻣해졌다. 면접에 합격해 설레던 인턴이 모진 회사 생활을 견뎌 낸 느낌이라고 해야 할까. 당장은 어디에 쓸지 떠오르지 않아 서랍에 넣어 뒀었는데, 다음 날 다시 꺼내 캐스트 온 했다. 옷을 선물하고 싶은 사람과 약속이 잡혔기에.

이전과 같이 4.5mm 바늘로 작업했다가는 미운 옷이 나올 것 같아 5mm 바늘을 들었다. 고무단은 4mm 바늘을 이용했다. 같은 실을 사용하는데 바늘이 커졌으니 편물은 느슨해진다. 코와 코 사이 간격은 넓어질 거고 이음새가 헐렁한 옷이 될 거다. 이왕 이렇게 된 거 아예 시스루 니트로 만들면 어떨까. 비침도 디자인이니까!

가장 만만한 꽈배기 무늬를 넣고, 뒷면부터 뜬 후 어깨 코를 주워 경사를 넣어 준다. 옷의 형태가 어떻게 이루어져 있는지 조금만 익히면 얼추 입을 수 있는 옷을 뜰 수 있다. 다만 디테일이 곧 완성도인 만큼, 암홀의 넓이와 마감, 어깨 경사, 목과 소매 끝의 마감 처리 같은 곳에서 실력이 판가름 난다.

어깨 경사를 뜨고 난 후 앞판으로 내려와 팔 넣을 자리를 적당히 지나면, 앞뒤를 이어 원하는 길이까지 원통으로 뜨면 된다. 도안이 따로 있던 건 아니고, 게이지를 먼저 내 전체 콧수만 계산한 뒤 경험에 의거해 떴다.

뜨는 중에 진행 정도를 남기기 위해 사진을 찍었는데, 편물이 반짝거렸다. 햇빛 아래 반짝이는 유리알 같은 빛이 난다. 원래 이런 빛이 나진 않았는데 시간이 지나 헤진 실에도 좋은 점이 있나 보다. 그래서 나는 이 니트를 유리알 니트라고 부르기로 했다.

선물의 주인은 대학 동기이다. 그러고 보니 새 실이 아니라서 기분 나빠하려나. 그것까진 생각하지 못했는데. 선물하며 설명해 보고, 불편해하는 기색이 있다면 빠르게 회수해야겠다.

약속 전날까지 부랴부랴 뜨던 옷을 겨우 마무리하고 동기와 만났다. 경기도 북쪽 끝과 남쪽 끝, 그리고 서울에 거주하는 세 명이 주기적으로 만나기란 정말 어려운 일인데 이 악물고 어떻게든 해내고 있는 우리다. 우리의 대화 주제는 대부분 나이에 따라 변했는데, 대학을 졸업하던 때에는 취업을 걱정했고 취업 뒤에는 연애를 걱정했다. 그리고 어제, 우리는 결혼에 관해 얘기를 나눴다.

비혼주의자가 늘어나고 출산율이 곤두박질치는 세상이라지만 서른을 코앞에 두니 청첩장 받는 게 드문 일이 아니었다. SNS로 간간이 소식만 접하던 동창은 이미 결혼해 신혼집을 꾸미고 있었고, 한때 급식실에서 서로 반찬 뺏어 먹던 친구는 바로 전주에 신혼여행을 갔다. 다들 어디서 그렇게 만나 사랑하고 결혼하는지. 신기한 일이다.

어제 만난 동기 행카도 그랬다. 인터넷에 떠도는 행복한 쿼카를 닮아 행카라고 부른다. 행카는 스무 살 여름에 만난 연인과 햇수로 8년, 만으로 7년을 사귀며 자연스레 결혼을 생각했다. 서로 결혼 의사도 확인했고 월급이나 자산 규모 같은 민감한 사항도 공유했다고 한다.

정식으로 결혼 준비를 시작한 건 아니었지만 대충 이쯤이 좋겠다며 시기를 구상하던 중 행카는 연인에게 차였다. 연인이 전한 이유는 종교였다.

행카는 독실한 기독교 신자이다. 난 종교가 없어서 잘 모르지만 교회 내의 각종 행사와 청년부 일을 맡는다고 했다. 십일조는 물론이고 교회 사람들과 함께하는 자리는 빠지지 못한다. 행카의 연인은 이 모든 활동을 이해해 주었고, 몇 년 동안 교회에 같이 다녀 보기도 했다. 신앙심이 없는 사람이 누군가를 위해 종교 활동에 참여한다는 건 사랑 없이는 절대 하지 못할 행동이다.

지난겨울, 행카는 연인에게 지쳤다, 는 말을 들으며 헤어졌다. 전해 들은 이야기로는 종교 문제였다고 했으나 그간 너무 힘들었다는 그의 말에 단순히 종교 하나만 문제였던 건 아니었음을 짐작했다. 행카는 무엇이 그렇게 힘들었는지 모르겠다고 했다. 연인이 힘겨워했던 그 긴 시간을 행카는 조금도 인식하지 못했다. 이건 한쪽이 둔하거나 한쪽이 잘 숨겼다기보단 둘의 상황 인식 자체가 어긋나 있음을 의미했다.

지금 행카는 다른 사람과 만나고 있으면서도 전 연인을 그리워한다. 지금 만나는 사람에게는 미안하지만 전 연인과 재회할 기회가 주어진다면 당장에라도 돌아가겠다고 했다. 이해한다. 나도 그랬으니까. 지나간 사람을 그리워하는 게 하등 쓸모없는 짓이라는 걸 알면서도 시종일관 울렁거리는 마음을 참는 건 불가능했으니까.

행카는 본인과 연인의 끝이 결혼일 거라고 자만했던 과거를 자꾸만 떠올렸다. 그리곤 현실로 돌아와 괴로워하기를 반복한다. 아무리 일이 바쁘고 누구보다 치열하게 살고 있어도 작은 틈을 비집고 들어오는 게 전 연인이라는 존재다.

 그런 행카에게 내 마음을 달랬던 실로 뜬 반소매 니트를 선물했다. 마음에 들지 않으면 어쩌나 했는데 다행히 만족스러워했다. 한 가지 말을 안 한 게 있다면 목둘레를 고무단 마무리했다가 머리가 들어가지 않는 불상사가 발생해 그냥 다 풀었다는 것 정도. 다시 코를 주워 고무단을 작업하기엔 지난 새벽의 내가 너무 피곤했고 졸렸고… 귀찮았다. 몸통과 소매 끝에 달린 고무단이 목에만 없다. 미안하다 행카야. 근데 마음에 든다니까 괜찮지?

 행카가 다시 행복했으면 좋겠다. 정말 사랑했던 사람과 추억을 묻어 두고 새로운 사람과 행복한 미래를 그렸으면 좋겠다. 설령 지금 만나는 사람이 미래를 위한 발판이 되더라도—그 사람에겐 미안한 말이지만— 결국엔 원하는 결혼 생활을 했으면 좋겠다. 나에겐 그 누구보다 내 사람이 소중하다.

제로부터 시작한다는 게 쉽지 않다는 건 안다. 한 사람과 오래 연애하다 보면 새로운 사람을 만났을 때 어떻게 대해야 하는지 난감할 때가 많다. 이미 모든 걸 공유하고 맞춰 놓은 사람을 두고 다시 처음부터 맞춰 나갈 생각을 하면 아찔하다. 심지어 새로 만난 상대가 착한 사람이라면 내 머릿속 모든 생각이 날 찌르는 비난의 화살이 된다. 이 착한 사람에게 내가 무슨 생각을. 나 진짜 나쁘다. 난 왜 이렇게 이기적일까.

어쩔 수 없다. 인간사 볶고 지지는 게 당연한걸. 적어도 상대에게 숨김없이 마음을 말한 행카는 잘못이 없다. 그러니 위축되지 마. 괜찮아.

머리카락 대신 꽃 달고 다니는 할머니
- 데이지 버킷햇

 우리 집엔 셋이 산다. 나, 동생, 할머니. 이래저래 가족에게 받는 스트레스가 하늘을 뚫는 요즘, 내 정수리가 점점 비어 간다. 씻고 나오면 수채 구멍에 해초같은 머리카락이 끼어 있는 건 당연하고 헤어드라이어 바람 따라 흩날리는 머리카락이 실지렁이처럼 방바닥에 수북하다. 출근이 급해 미처 치우지 못하면 퇴근 후 집에 왔을 때 누군가 내 방에서 필사의 결투를 펼친 게 아닌가 의심해야 한다. 그렇지 않고서는 도저히 말이 안 되는 모량이다.
 앞머리와 뒷머리를 가르는 중심이 예전만큼 검지 않다. 내 몇 없는 자랑 중 하나가 미용실에 가기만 하면 추가금을 받는 빽빽한 머리숱이었는데 근래에는 미용사가 제값에 손질을 해준다. 단골을 챙겨 주는 건지 점점 환히 보이는 두피가 측은한 건지 알 도리가 없지만 괜히 마음이 쓰인다. 숱 많은 사람에겐 추가금을 받는 것처럼 숱이 적은 사람에겐 할인 혜택을 주어야 하는 거 아니냐는 쓸데없는 생각만 는다.
 확정은 아니어도 심증은 충분하다. 나는 예비 탈모인이다. 아직 현실을 마주하기에는 마음이 아파 병원에 가지 않았을 뿐. 이 슬픈 병의 가장 큰 원인은 아무래도 할머니다. 당뇨에 고혈압, 고지혈증과 골다공증 및 만성 디스크 통증, 역류성 식도염과 위염까지 온갖 병은 다 달고 있으면서 식단 조절은 죽어도 하기 싫다는 여든 한 살 우리 할머니.

5년 전 급성 당뇨 쇼크로 오밤중에 응급실 실려 간 건 기억도 안 나는지 매번 뭘 그렇게 혼자 숨어서 먹다가 걸린다. 제대로 된 밥을 잘 챙겨 먹으면 좀 나을 텐데 한사코 밥은 싫단다. 고기도 싫고 나물도 싫고 밥도 싫고. 오로지 과자에 빵 같은 당 높은 음식만 내놓으라니. 할머니, 내가 주기 싫어서 안 주는 게 아니잖아. 그런 거 먹으면 할머니가 빨리 죽는다잖아.

할머니 앞에서 간식 먹는 모습을 보여 주지 않으려고 나도 동생도 집에서는 밥 이외 간식은 절제하는 편이다. 혹시 먹고 싶어지면 각자 방에 숨겨 놓고 먹는다. 할머니 덕분에 더 수준 높은 닌자가 되어 간다. 하지만 상대도 못지않게 눈치가 좋아 숨겨 놓은 과자를 용케 찾는다. 집에 할머니만 있는 날에는 나 홀로 보물찾기가 시작된다. 열심히 훔쳐 곳간을 채운 할머니는 눈치는 좋아도 행동이 느려 꼭 들키고 만다. 이렇게 또 싸움이 시작된다.

내가 아무리 화를 내도 당장 입이 궁금한 할머니는 성내기에 바쁘다. 어르고 달래도 봤고 험악하게 싸워도 봤지만 모두 소용없었다. 사춘기와 갱년기가 한꺼번에 몰려왔대도 이것보다 말이 잘 통하겠다.

− 내가 살면 얼마나 산다고 사탕 하나 못 먹게 하느냐, 노인네 그냥 죽게 내비둬라, 다 키워 놨더니 빵 쪼가리 하나 먹는 것도 눈치를

봐야 하니, 사는 게 너무 서럽다. 그냥 콱 죽었으면 좋겠다.

아주 데드풀 저리가라다. 사람 마음 힘들게 하는 말하기로 대회가 열리면 우승은 따 놓은 거나 다름없다. 매일 이런 말을 들으며 당뇨 걸린 노인의 주전부리를 막아야 한다고 생각해 보라. 탈모 정도면 증상이 약한 편일 수도 있다.

꼭 하루에 한 번씩 싸우다 보니 이제 할머니만 보면 예민해진다. 종소리만 들리면 침 흘리는 파블로프의 개처럼 할머니만 보면 신경이 곤두선다. 오늘은 또 어떻게 싸워야 하나 고민한다. 하지만 천성이 악한 사람이 아니기에 할머니도 자기반성의 시간을 가지곤 하는데, 문제는 자기반성의 탈을 쓴 협박이라는 점이다.

예를 들면 이런 식이다. 그래, 너도 얼마나 힘들겠니. 나도 참 이러지 말아야 하는데 당뇨가 이렇게 무섭다. 어디서 거지 같은 병을 얻어서는 하루 내내 입이 심심해. 심지어 뭘 먹고 있어도 그래. 나도 미치겠어. 근데 또 내가 죽고 나면 너도 후회하지 않겠어? 아이고, 우리 할머니 먹고 싶은 거 다 먹게 해줄 걸 하면서 후회하지 말고 그냥 먹게 둬. 그게 너도 마음 편하지.

할머니는, 환갑 때는 고희연 하기 전에 세상을 뜨겠다고 했고 고희 때는 팔순까지는 못 산다고 했다. 팔십하고도 한살이 된 지금은 여주 달인 물이며 퀴노아며 당뇨에 좋다는 건 다 챙겨 먹고 있다. 그러니 난 여전히 몰래 마카롱 훔쳐 먹는 할머니를 감시해야만 하는 경찰 신세다.

그렇다고 무작정 못 먹게 하는 건 아니다. 초절식 다이어트는 폭식을 불러온다는 경험으로 인해 가끔 할머니에게도 특식을 허용한다. 생일에 먹는 케이크나 잔칫집에서 먹는 뷔페 같은 것들이다. 지난달에도 사촌 언니네 둘째 아들 돌잔치에 갔다가 은근슬쩍 과일이며 약밥을 줄기차게 먹는 할머니를 봤지만 크게 제지하지는 않았다. 대신 그 이후 한 시간 동안 함께 산책했다.

  날이 좋아 다행이었다. 한 시간쯤 걸어도 무리 없는 날씨였다. 선선한 바람도 불었고 공원에 사람도 많아 활기찼다. 간간이 바람결 따라 흔들리는 내 머리칼을 보던 할머니는 몹시 부럽다며 말했다. 나도 예전에는 머리가 참 검었는데 이제는 너무 늙어버렸어. 아주 거울 보기 싫어 죽겠어. 내가 징그러워. 나도 예전에는 예뻤는데.

  아니다. 그렇게 예쁘진 않았다. 할머니는 40대부터 뽀글거리는 파마머리를 유지해왔고 그 시절 사진을 본 바로는 지금과 별반 차이 없는 외모였다. 가족이어도 정확한 사실을 인지할 필요는 있는 법이다.

  할머니가 말하는 예쁨이 젊음을 뜻하는 것 정도는 나도 알기에 굳이 입 밖으로 저 말들을 꺼내진 않았다. 확실히 사진 속 젊은 할머니는 사자 갈기 같은 머리를 달고 있더라. 동네 미용실에서 했던 머리라는데, 미용사가 꽤 힘들었을 풍성한 머리였다.

  지금 할머니는 정수리부터 뒷머리까지 하얗다. 멜라닌 색소만 빠졌으면 좋았을 텐데 그냥 머리카락이 빠져버렸다. 그것도 아주 많이. 듬성듬성 난 머리카락보다 두피가 훨씬 많이 보이는 지경이다. 그걸 가리겠다고 검게 염색했더니 검은 머리카락과 살구색 두피가 대비되는 바람에 더 안쓰러워 보일 뿐이었다. 그런데도 검은 머리카락은 포기 못 하겠는지 꽤 최근까지 염색을 고집했다. 할머니에게는 검은 머리가 젊음과 동의어였다.

갈수록 모근은 줄고 머리카락은 얇아지니 미용실에서도 염색을 거부했다. 그 후로 몇 번 집에서 혼자 염색약을 바르다가 두피에 벌건 딱지가 눌러앉은 뒤로는 할머니도 염색을 포기했다. 대신 모자를 쓰기 시작했다. 할머니는 답답한 걸 싫어해 챙이 넓지 않은 모자를 선호했는데, 마음에 드는 모자가 없는지 멀쩡한 모자를 사다가 오리고 꿰맸다. 아휴. 내가 나서야겠고만.

화사한 걸 좋아하면서 너무 눈에 튀는 건 싫어하는 모순적인 할머니를 위해 데이지 버킷햇을 만들었다. 정수리부터 챙까지 완만한 곡선으로 이어지는 버킷햇은 그 모양이 양동이를 닮아 이름 붙여졌다. 취향에 따라 챙이 짧을 수도, 이마를 지나 코 근처까지 내려올 수도 있다.

진흙색 램스울로 바탕을 만들고 흰색과 노란색 순면사로 데이지 모티브를 만들었다. 노란색 원에 흰색 꽃잎을 만든 뒤 진흙색 테두리를 만들면 모티브 완성이다. 유튜브 채널명 '야닝야닝의 야매뜨개'의 '무사슬 데이지 버킷햇' 영상을 참고했다.

5호 코바늘로 작업했고, 모티브 6개를 이어 붙이며 지름이 결정되는 터라 세밀한 사이즈 조절은 불가했다. 실로 짠 편물은 유연하니까 어느 정도 작더라도 사용하면서 늘어난다. 할머니도 처음에는 조금 작은가 싶더니 몇 번 쓰고 나니까 널널해졌다. 매직링으로 원형뜨기를 시작해 정수리부터 이마 부근까지 코를 늘려가며 뜨다 미리 떠 둔 모티브와 이어 주면 된다. 난이도가 쉽다보니 중간에 질리지만 않는다면 누구나 모자 하나를 손에 쥘 수 있다. 끝단에는 취향껏 짧은뜨기로 마무리해도 되고, 긴뜨기를 섞어 물결무늬를 넣어도 귀엽다.

질리지 말라고 다른 무늬와 색상으로도 모자를 만들었는데 데이지 버킷햇을 가장 많이 쓴다. 할머니들에게 꽃이란 대체 뭘까. 옷이며 가방이며 꽃 없는 곳이 없다. 꼭 빨갛고 노란 색색들이라 반경 100m 밖에서도 할머니를 찾을 수 있을 법하지만 온 동네 할머니들이 같은 취향을 가진 바람에 화려한 꽃무늬가 평범한 보호색이 되어버린다.

어제도 그제도 할머니를 설득해 과자며 사탕을 뺏었다. 집에서는 더 이상 보물찾기 할 건덕지가 없는데 대체 어디서 가져오는 건지 알 수가 없다. 역시나 '나 죽으면 너 후회한다' 따위의 세미 저주가 뒤따랐지만 이제 그 정도는 가볍게 흘려듣는다. 금방 후회하면서 사과할 할머니를 알기에 그저 소파에 앉아 열심히 뜨개만 한다. 그리고 할머니. 나는 절대 간식 뺏은 거로 후회 안 해. 이렇게 한 덕분에 하루 더 할머니를 볼 수 있는 걸 테니까. 난 앞으로도, 할머니가 이승을 떠날 때까지 기필코 식단 조절하게 만들 거야. 다음 생에는 꼭 부잣집에서 맛있는 거 마음껏 먹을 수 있는 사랑둥이 막내딸로 태어나.

레트로 패션 아니고 그냥 궁상
- 이어폰 파우치

 작년에 내가 한 일 중 가장 후회하는 일을 꼽으라면 단연 무선이어폰을 팔아버린 일이다. 2위는 좋아하지 않는 사람과 한 달이나 사귄 것, 3위는 술을 진탕 먹고 침대에 토한 거다. 숙취에 절어있는 몸으로 이불과 베개를 빠느라 몇 번이나 헛구역질 했던 걸 생각하면 지옥이 따로 없다.

 주렁주렁 유선 이어폰을 사용하던 시절, 만원 대중교통에서 다른 사람의 옷이나 가방에 선이 걸려 휴대폰을 떨어트린 일이 한두 번이 아니기에 이어폰을 잘 쓰지 않았다. 그러다 갤럭시 버즈를 선물 받고는 한참이나 잘 썼었다. 선을 연결하지 않았는데도 이렇게 부드러운 음질로 끊김 없이 음악을 들을 수 있다니! 21세기 과학 만세를 외치며 왕복 두 시간이 넘는 출퇴근 시간 동안 영화를 봤다. 코앞에서 다른 사람의 숨결을 느낄 수 있는 지옥철이었지만 영화와 음악만 있다면 꽤 즐겁게 보낼 수 있었다(기억 미화임을 인정한다).

 고상하지 않은 이유로 이어폰 유닛을 두 쪽 다 잃어버렸다. 가장 후회하는 일 3위의 사건과 같은 날 일어난 일이다. 22살을 마지막으로 혼자서는 절대 주량을 넘기는 법이 없었는데, 내 몸의 내구도를 시험하듯 치사량에 가까운 소주를 마신 날이다. 만취 상태에서 집까지 걸어갔으니 인도 어딘가에 떨어졌겠지. 잃어버린 줄도 모르고 열심히 이불 빨래를 한 뒤 이어폰 케이스를 열었더니 안이 텅 비어있었다. 다행히 나 같은 칠칠이를 위해 뛰어난 개발자들이 만들어 둔 기능이 있다.

내 기기 찾기! 휴대폰에 등록해 놓은 무선 기기의 위치를 살필 수 있는 무섭고 좋은 기능이다. 어플에서 알려준 내 왼쪽 유닛의 위치는 집 근처 어느 아파트 단지였다. 술집에서 집까지 틀림없이 걸어갔는데 유닛이 있는 아파트는 도보 경로에서 많이 벗어나 위치했다. 어쩌다 내 유닛이 거기까지 간 건지.

오른쪽 유닛은 당장 집 앞에 있다고 나왔다. 내가 살고 있는 단지 코앞에서 물방울 모양 위치 표시가 반짝였다. 하필이면 정기 분리수거일인 목요일이라 분주히 쓰레기를 버리고 있는 사람들 근처에서 엉거주춤 고개를 숙이고 돌아다녔다. 바닥을 샅샅이 뒤지는 모양새가 적잖이 수상했겠지만 한쪽이라도 찾고자 하는 내 의지가 이웃 주민들에게 이상한 사람으로 보이는 수치를 이겼다. 모래사장에서 돗바늘을 찾는 심정으로 쓰레기 냄새를 맡아가며 한참을 서성거린 끝에⋯ 아무것도 찾지 못했다. 어플에 나오는 기기 위치는 새벽 2시를 기점으로 신호가 끊겼기에 14시간이 지난 오후 4시에도 그곳에 있을 거라는 보장이 없었다. 누군가 주워갔을 수도 있고 분리수거 마대 자루 밑 혹은 안에 있을 수도 있으며 어느 보행자의 발에 치여 화단 속으로 숨었을 수도 있는 일이다. 나는 삼십 분을 꼬박 맴돌다가 포기하고 집으로 들어갔다. 카페나 가야겠다는 생각으로 옷을 챙겨 입었는데 겉옷 주머니에서 오른쪽 유닛이 나오더라는 재미없는 이야기다.

혹시나 하는 마음에 온 집안을 헤집었지만 마커링과 단수 표시링, 언제 샀는지 기억도 안 나는 단추 같은 것들만 구석구석 발견했고 나오라는 왼쪽 유닛은 끝내 나오지 않았다. 울며 겨자 먹기로 오른쪽 유닛만 꽂고 다니며 음악을 들었는데 일주일 만에 팔아버렸다. 음악을 듣는 맛이 나지 않았고 잃어버린 왼쪽 유닛만 중고로 사자니 5만원이라는 가격이 비합리적으로 보였다. 그래서 팔았다. 팔자마자 후회할 줄 알았으면 조금 더 고민할 걸 그랬다. 오만 원만 쓰면 다시 풍성한 노래를 만끽할 수 있는 사실에 감사하며 그냥 시원하게 소비할 걸. 후회해도 이제 내 손에는 직집 뜬 케이스 커버만 남았다.

최근 일하는 곳이 바뀌며 집과 제법 가까워졌는데, 이 정도면 걸어갈 만하다 싶어 걷고 있다. 편도 약 4km를 걸었더니 체력이 모자랄 즈음 집에 도착해 딱 좋았다. 비 오는 날에도 해가 쨍한 날에도 가리지 않고 걷지만 이어폰 없이는 심심해서 못 걷는다.

활동 시간을 늘리자는 건강하고 건실한 목적도 결국 재미가 없으면 못 한다. 다리는 움직여야 하고 눈은 전방 주시를 해야 하니 남은 자극 수용기관은 귀뿐이다. 건널목이나 방향 전환도 거의 없이 일직선으로 걷기만 하면 되는 코스라 노래라도 듣지 않으면 지겹다. 좋아하는 음악을 미리 플레이리스트에 짜놓고 마음속으로 혼자 열창하다 보면 한 시간 동안 걷는 건 쉬운 일이 된다. 가끔 흥에 겨워 나도 모르게 입 밖으로 소리 내는 건 주의 필수다. 의욕에 비해 빈약한 음색이니 참아야 한다. 주로 라디오헤드(Radiohead), 오아시스(Oasis), 이매진 드래곤스(Imagine Dragons) 노래를 들으면서 둠칫둠칫 걸어가는 편이다.

전에 쓰던 버즈를 사자니 당장 이십만 원 돈을 지출하긴 아까워 유선 이어폰으로 샀다. 역시 유선 이어폰이 음질은 더 좋은 것 같은데? 이 좋은 걸 두고 굳이 왜 무선 이어폰을 썼더라? 2년 만에 잊었던 이유를 며칠 만에 깨달았다. 제대로 정리하지 않으면 가방에서 저들끼리 꼬이는 선, 이어폰을 꽂으면 충전기를 꽂을 수 없는 단일 단자 같은 이유들이었다. 그중 가장 화나는 건 꺼낼 때마다 고무 이어팁에 잔뜩 붙어 있는 먼지들이다.

가방을 아무리 털고 정리해도 이상하게 이어팁에 자꾸 먼지가 붙었다. 고무 재질이라 잘 떨어지지도 않고 매번 떼기도 귀찮다. 그래, 무선 이어폰들은 저마다 케이스가 있었다. 블루투스 연결이라는 기술력과 더불어 먼지로부터 이어폰을 보호하는 깔끔한 외관의 케이스도 비싼 가격에 한몫하는구나 싶었다. 다른 문제는 해결할 수 없다고 해도 먼지 정도는 내 선에서 막을 수 있다. 플라스틱 케이스를 제조하는 공장은 없어도 실과 바늘로 편물을 만드는 손이 있다. 케이스가 뭐 별건가. 안에 집어넣을 수만 있으면 되는 거다. 어렵게 생각하지 말고 필요한 게 있으면 만들면 된다. 나는 뜨개인이다.

이왕 뜨는 거 예쁘게 만들고 싶어 도안을 찾아봤다. '미니 파우치'라는 카테고리가 초보자에게 접근성이 좋다보니 정말 많은 영상과 도안이 검색됐는데, 체크무늬를 사랑하는 내 눈에 쏙 들어오는 디자인이 있어 곧장 실을 준비했다. (참고한 영상은 숩니공방의 '체크무늬 가방 만들기' 영상이다. 같은 디자인의 큰 사이즈 가방 만들기도 있으니 관심 있다면 도전해 보시라)

하이소프트와 슬로우스텝으로 흰색 부분을, 다이소 면사와 하이소프트 4ply를 사용해 초록색 부분을 만들어 줬다. 각각 두 줄 잡고 3.5mm 코바늘로 동일하게 작업했지만 실 종류가 모두 달라 규격이 달랐다. 다만 신경 쓰일 정도로 큰 차이는 아니라서 그냥 넘어가기로 했다. 처음 사슬코로 시작하는 걸 제외하면 거의 모든 작업이 빼뜨기뿐이다. 그만큼 쉬우니 막연히 뜨개를 시작하고 싶지만 엄두가 안 나는 사람들도 무난히 완성할 수 있을 것 같다.

 항상 파우치나 가방 종류를 만들 때면 여닫는 방식을 어떻게 만들어야 할지 고민하는데, 지퍼를 달기엔 바느질이 귀찮고(잘 하지도 못한다) 복조리 형식으로 만들자니 줄이 길게 늘어지는 걸 원하지 않았다. 다행히 편리한 방식의 부자재를 발견해 쉽게 해결했다. 다이소에 파는 천 원짜리 수예용 금속 부자재였는데, 별도 바느질이나 마감 없이 편물을 가운데 놓고 자재를 맞물리게 조이기만 하면 고정된다. 고민이 많을 때는 무작정 아이쇼핑하는 것도 좋은 방법이다.

 퇴근하며 슬쩍 파우치를 꺼내 이어폰을 꽂으니 동료가 이렇게 말했다.

 "오, 요즘 레트로가 유행이라더니 일부러 유선 이어폰 쓰시는 거

예요? 파우치도 잘 어울려요~"

　아니다. 레트로가 유행인 줄도 몰랐다. 그냥 돈이 없어서 싼 이어폰을 쓰는 거라고 답하기 뭐해 유행 따라 쓰는 척, 그렇다고 말했다. 통장이 빈 것보다 알량한 자존심이 더 없어 보이는데. 스팅의 잉글리시 맨 인 뉴욕(Sting - English Man In NewYork)을 들으며 집까지 걸어오는 동안 쓸데없는 소비를 하지 않은 건 합리적 결정이라고 위안하는 모습이 조금 웃겼다.

　어쩌면 이 파우치는 나이 먹고 마음대로 십만 원쯤 지출하기 겁나는 나를 그럴듯하게 포장하는 용도가 아닐까 싶었다. 예쁜 포장지를 뜯으면 속에는 아직도 10년 전처럼 엉망으로 꼬인 줄 이어폰만 있는 현실 말이다. 어쌔 좋아하던 아이돌 노래를 들으며 수학문제를 풀던 고등학생 때와 변한 게 없는지. 집에 오는 한 시간 동안 귀에서는 아까 그 노래가 반복 재생됐다. 오오, 아임 에일리언.

꿈을 이뤘다는 건

- 제자리 북커버

2021년 개봉한 픽사의 애니메이션 영화 '소울'을 보고 이런 평을 남겼었다.

- 내 인생의 목적이 작가가 아닌 글을 쓰는 사람이었다는 것.

'소울'의 주인공 '조'는 평생 재즈 피아니스트를 꿈꿨지만 강렬한 데뷔 무대 이후 매일 반복되는 무대에서 처음 같은 재미와 흥미를 느끼지 못한다. 그러다 이런저런 사건을 겪으며 자신이 정말 원했던 건 피아니스트라는 직업이 아니라 피아노를 연주하는 행위 자체였다는 걸 깨닫는다. 영화에는 '조' 말고 다른 주인공도 나오고 더 많은 모험이 펼쳐지지만, 내게는 '조'의 일생이 큰 감동이었다. 덕분에 한동안은 작가라는 타이틀에 얽매이지 말고 열심히 글이나 쓰자며 위안했다. 그래서 자주 도망쳤다.

고등학교 시절 입시 준비부터 시작해 지금까지 약 10년 동안 글을 썼다. 짧기도 하고 길기도 하다. 아마 인생에서 가장 열심히 글을 썼던 때는 대학 입시를 준비하던 때가 아닐까 싶다. 조금 더 쳐준다면 대학교 졸업 전까지. 문예창작과에 가니 정말 재능 있는 사람들이 수두룩했고 책상 앞에 오래 앉아있다고 좋은 이야기를 쓰는 것도 아니었다. 순발력, 재치, 안목, 통찰력, 집중과 고뇌가 적절히 섞여야 했고 지극히 주관적인 평가 방식에 순응(혹은 체념)하는 인내심도 필요했다. 습작을 두고 합평이라도 하는 날에는 모두에게 둘러싸인 채 화살처럼 쏟아지는 비판에도 살아남아야 하기에 강한 멘탈도 필수였다. 일정 이상 하점을 유지해야만 했으므로 나름대로 노력은 했으나 학기가 지날수록 설명할 수 없는 허탈함이 몰려왔다.

어느 동기는 졸업도 전에 등단했고 어느 동기는 원하는 학교에 편입해 재능을 꽃피웠다. 나도 동기와 같은 학교에 시험을 봤지만 1차에서 떨어져 다니던 학교를 계속 다녀야 했다. 재학 중인 학교에 불만이 있던 건 아니었지만 실패했다는 결과가 중요했다. 난 날아다니는 그들을 보며 꿈에서 도망쳐 한동안 글을 포기했었다. 돈을 벌어야 한다며 회사에 다녔고 통근 거리가 길다는 이유로 퇴근 후 아무것도 하지 않고 자기 바빴다(실제로 왕복 4시간 거리에 있는 회사를 다니긴 했다).

모두 변명이고 핑계다. 실력을 들키기 싫어 도망친 거다. 고작 두 번, 세 번 공모전에 떨어져 놓고 인풋이 부족해 아웃풋이 나오지 않는 거라며 쓰기보다 읽기에 집중했다. 그렇다고 열심히 읽은 것도 아니다. 피곤하니까, 약속이 있으니까, 더 재밌는 여가 활동이 있으니까. 인풋이 부족한 건 사실이었으나 아웃풋이 나오지 않는 이유가 그것만 있는 건 아니었다. 열정이 사라져서 그랬다. 해야 하는 걸 하지 않아도 괜찮게 만드는 방법은 양심만 외면한다면 얼마든지 있었다.

그러다 농담처럼 갑자기 소설을 써야겠다는 생각이 들었다. 기별도 없이 천재지변 같은 생각이었다. 해일처럼 머리에 밀려들어온 정념에 속수무책으로 손을 움직이는 수밖에 없었다. 취업과 동시에 그나마 끄적이던 낙서마저 손 놓은 지 1년이 넘어가던 때였다. 도입부 오천 자 정도 쓰고 나니 당연히 전개가 막혔다. 구체적인 인물도 플롯도 없이 막연하게 시작한 글이었다. 회사에서, 근무시간에, 팀장님 몰래 작성한 오천 자는 그대로 몇 년 동안 방치됐다. 내게는 기념비적이었던 오천 자 사건 이후, 막힌 의욕에 물꼬가 트였는지 더듬더듬 다시 글을 쓰기 시작했다. 다른 단편 몇 개를 완성하는 동안 즐거웠다.

다시 크고 작은 공모전에 참가했다. 공모전에도 성격과 목적이 있어 제시어나 주제가 있는 공모전도 있었고 분량을 제외한 아무 조건도 없는 공모전도 있었다. 결과를 바라지 않았다면 거짓말이지만 딱히 큰 기대를 한 것도 아니었다. 단지 공모전이라는 마감 기한을 정해 두면 죽이 되든 밥이 되든 꾸준히 글을 쓰겠다는 생각이었다. 10개 중 9개는 두말할 것도 없이 탈락이었고 개중 작고 소소한 1개 정도는 입상했다. 배부르게 맛있는 밥 한 끼 사먹을 만한 상금에 가슴이 벅찼다.

지난날의 나는 살갗에 잠깐 스치는 바람에도 움츠러들었는데, 무엇이 달라졌길래 수많은 낙선에도 개의치 않게 되었을까 하니 아무래도 사회생활이 도움 되었지 않을까 싶다. 별의별 사람과 부딪치고 싸우며 단단해졌다는 말일 수도 있지만 오히려 반대에 가깝다. 회사에 다니고 아르바이트를 하고 밖에서 돈을 벌수록 내가 할 일은 소설을 쓰는 일이어야만 했다. 이 세상에 온갖 추잡스러운 행태와 웃긴 일들을 빨리 소설로 만들어야 한다는 생각이 머릿속을 떠나지 않았다. 하고 싶은 일을 해야만 하는 고집이 뒤늦게 발동한 셈이다.

도망과 실패를 반복하고 새로운 시도와 현실 안주를 번복하기를 다시 몇 년. 지난주에 첫 책이 나왔다. 꿈에 그리던 내 소실이나. 아이러니하게도 예전에 회사에서 몰래 썼던 그 오천 자가 시발점이 된 이야기다. 오천에서 오만, 오만에서 십만 자가 되어 당당히 세상에 나왔다. 옆자리 사원이 보진 않을까 눈치 보며 썼던 글이 서점 매대 위에 올라왔다. 세상일은 어떻게 될지 아무도 모른다더니.

저마다 책을 다루는 방법이 다르지만 난 인덱스 메모지로 인상 깊은 구절을 표시해 놓는 정도다. 연필을 포함해 어느 필기도구도 절대 허용하지 않고 구기거나 훼손하는 것도 용납하지 않는다. 밖에 책을 가지고 나갈 때면 꼭 북커버를 챙기는 이유다. 출판사 북클럽에 가입했을 때 받은 북커버도 있고 길을 걷다 계획 없이 들어간 소품샵에서 업어온 커버도 있지만 따끈따끈한 내 책을 위해 직접 꼭 맞는 크기로 떠야겠다.

정갈하고 단정하면서도 밋밋하지 않은 디자인으로 만들고 싶었다. 고민하다 겉뜨기와 안뜨기를 배합해 만드는 '제자리무늬'를 이용하기로 했다. 표준국어대사전에서는 제자리무늬를 '뜨개에서, 겉뜨기나 안뜨기로만 떠서 밋밋하게 만든 무늬'라고 정의했지만 오해하면 안 된다. 굴곡이나 튀어나온 곳이 없다는 말이지 심심하다는 말이 아니다. 가장 기본이 되는 네모 모양의 제자리무늬를 떴다. 벽돌을 쌓아 올린 모양이라 혼잣말로 벽돌무늬라고 부른다. 코바늘로 사슬코를 잡아 대바늘로 코를 주워 뜨면 되는데, 처음 몇 줄만 규칙을 이해하면 어렵지 않게 완성할 수 있다.

그리고 나는 어렵지 않게 망했다. 역시 세상은 호락호락하지 않다.

가로로 긴 편물을 만들고 양쪽 끝을 접어 책날개가 들어갈 공간을 만들 심산이었는데, 바느질하는 중에 시접이 마음에 들지 않아 가위로 잘라내는 과정에서 문제가 발생했다. 돗바늘로 이은 스티치만 잘랐어야 했는데 바느질한 실과 원 편물을 잘 구분하지 못해 원 편물을 잘라버렸다. 꼼꼼하게 확인하지 못한 내 잘못이다. 서걱, 가위로 자르자마자 큰일 났다는 걸 알았다.

사용한 실은 필 에코코튼이라는 단종 실이었고 딱 한 볼 있던 걸 남기지 않고 모두 사용했으며 시작과 마무리단을 모두 잘라버려 수습도 불가했다. 덕분에 이번 화의 주인공은 남색의 걸레와 별반 다르지 않은 모양이 되었다. 미관도 볼품없고 제 기능도 하지 못하는 그야말로 진짜 쓰레기가 된 셈이다.

꼭 소설 같다. 구성이며 배경이며 열심히 기획하고 짰는데 나중에 어설프게 등장한 누군가가 맥락 없이 줄거리를 가위질하는 바람에 시작점에 구멍이 난 거다. 뒤에서 수습하려 한들 앞이 엉망이면 전체 줄거리는 힘을 잃는다. 작가라고 계획에 없는 인물을 넣고 싶었을 리가 없다. 미처 발견하지 못한 설정 오류를 찾아냈거나 수습해야만 하는 모종의 이유가 있었던 게 틀림없다. 그것도 아니라면 원고 마감 직전 급하게 마무리했거나. 전부 걷어내고 다시 쓰는 게 가장 좋은 방법인 걸 알지만 그렇게 할 수 없는 사정이 존재했을 거다.

이번 뜨개 북커버도 그런 이유로 편물에서 실로 돌아갔다. 새로 뜨면서 같은 실수를 반복하지 않으면 된다. 언제 다시 뜰지는 몰라도 이 실이 편물이 되는 날이 온다면 꼭 소식을 알리겠다.

뚱뚱 탈출기
- 스파이스드 브리즈

소아비만 출신 성인에게 살은 평생 저주처럼 따라다닌다. 늘어진 뱃살과 턱살을 보고 있노라면 전생에 악독한 범죄를 저질러 어둠의 세력에게 저주를 받은 게 아닌가 싶을 정도다. 남의 집 곳간을 털어 먹다 주인에게 걸려 평생 먹보로 살게 만들어 버리는 저주 아닐까. 게임이나 만화에서는 저주를 풀기 위해 해독제나 주문 같은 걸 이용하는데 현실에서는 그런 기막힌 방법은 없다는 게 슬프다.

사람의 몸은 항상성을 띤다. 어떤 기준을 설정해 놓고 그 상태를 유지하려 한다. '적정 체중'이 기준이라면 과식 한두 번 한다고 쉽게 살이 찌지 않는 게 그 이유다. 반대로 기준이 '비만'이거나 '과체중'이라면 하루 이틀 굶는다고 쉽게 살이 빠지지 않는다.

몸집이 크면 뜨개할 때도 슬프다. 같은 옷을 뜨더라도 크게 떠야 하니 실도 시간도 노력도 많이 든다. 도안과 실이 함께 들어있는 패키지 제품을 사더라도 따로 실을 추가해야만 한다. 대부분 M사이즈를 기준으로 도안이 제작되기에 어쩔 수 없다. 이 말은 곧 내 몸집이 평균 이상이라는 방증인 셈이라 추가로 지출해야 하는 실 값이 크면 클수록 속상했다.

보신탕집을 운영하던 할머니 밑에서 유아기를 보내며 누구보다 든든한 끼니를 챙겨 먹은 나는 이미 초등학교 때부터 비만이었다. 할머니는 타이어 회사 마스코트처럼 점점 부풀어 오르는 내 몸을 보고도 어릴 때 잘 먹어야 한다며 모든 식사를 과잉 공급했다. 나중에 영양분이 전부 키로 간다는 말을 믿었고 중학교 때 성장이 멈추며 믿음에 배신당했다. 평균보다 조금 큰 키였지만 평균보다 훨씬 무거운 몸을 가지고 있었으니 할머니의 이론상 여기서 10센티미터는 더 컸어야 했다.

친척들은 초등학생이던 내게 '그만 살찌라'거나 '여자의 몸무게는 몇을 넘으면 안 된다'는 말을 서슴없이 했고, 딸에게도 빈말은 전혀 하지 못하던 아빠는 '너는 공부를 열심히 해야겠다'며 학업에 관해서라면 풍족하게 지원하면서도 단 한 번도 예쁘다는 말을 한 적이 없다. 지금까지 상처로 남았지만 가족 중 아무도 모른다. 아마 그런 말을 했었다는 사실조차 기억하지 못할 확률이 높다. 악의 없는 말이 그래서 무섭다. 의도가 없으니 금세 휘발되어 날아간다. 발화자는 날아간 어절 하나하나 어딘가에 쏙쏙 박히는 줄도 모른다.

학창 시절 내내 과체중과 비만 사이를 오간 나는 어느 반에나 한 명쯤 있는 '뚱뚱하고 착한 애' 포지션이었다. 모든 선생님들에게 예쁨 받고 주로 심부름을 담당하며 성적도 괜찮은, 부탁을 잘 들어주는 그런 애. 중학교 때까지는 가끔 몸집이 크다는 이유로 놀리던 아이들이 있었지만 곧잘 무시했다. 체중에 대한 어떤 생각도 안 하다가 고등학교를 올라가며 몇 번인가 문득 다이어트를 시도했고 모두 실패했거나 감량했다가도 금방 원래대로 돌아왔다. 폭식으로 단련된 위가 갑자기 줄어들 리도 없거니와 사실 간절하게 날씬한 몸을 바란 것도 아니었다.

 그러다 나를 설명할 때면 항상 '통통' 혹은 '살집 있는'이라는 수식어가 필수로 붙는다는 게 듣기 싫어졌다. 내가 노력하는 방향과 가치관, 성취를 두고도 어쨌든 나를 떠올리게 하는 가장 좋은 묘사가 결국 외모였다. 당연하다. 눈은 사람이 정보를 받아들이는 가장 중요한 기관 중 하나이다. 외면이 전부는 아닐지라도 외면을 아예 배제한 채 사람을 기억하는 건 어려운 일이다. 함부로 남을 재단하는 일은 바보 같아도, 단순 외양 묘사에서는 특징을 잡아 설명하는 게 불가피하다. 그보다 충격이었던 건, 뚱뚱하다는 말을 듣기 싫어하는 나 자체였다. 어떤 단어에 편견을 가지고 있는 건 바로 나였다.

 입시를 거쳐 스물 셋까지 지독하고 잘못된 식이조절로 만족스러운 몸을 얻었다. 종일 양배추와 아메리카노만 먹은 적도 있었고 삶은 달걀 1개와 딸기 5개로 모든 식사를 대체한 적도 있었다. 뛰거나 걸으며 운동도 병행했다. 초절식의 효과는 대단했다. 연애가 반년 만에 없애버린 몸이긴 했지만.

 삼 년 동안 꼬박 운동과 식단으로 유지한 몸이 고작 6개월 만에 망가졌다! 술과 기름진 안주가 그렇게 맛있더라니. 운동할 시간에 데이트하느라 바빴고 제대로 자지도 않고 밤새 통화했다. 작은 행동이 모여 배와 팔뚝에 풍선을 달아 놓는 결과를 낳았다. 6개월 만에 5kg, 일 년 만에 17kg이 쪘다. 급격하게 살이 찌면 피부가 그 속도를 따라가지 못해 세로로 튼 자국이 생긴다. 나도 이때 처음 알았다. 맞는 옷이 없어 전부 새로 샀는데, 정확한 사이즈를 측정하는 게 무서워 눈대중으로 사느라 대부분은 작았고 억지로 몸을 구겨 넣으며 입었다.

살이 찌나 빠지나 건강만 하라며 예쁘다고 해 주던 연인에게 차이고 나니 허망할 정도로 입맛이 없었다. 그가 헤어지자고 말한 이유는 다른 데에 있었는데도 모든 이유를 뚱뚱한 몸에 돌렸다. 절식은커녕 입에 뭐든 집어넣으며 살았는데 살이 쭉쭉 빠졌다. 이 살들이 다 행복이었나, 싶을 만큼 쉬운 일이었다. 어디선가 최고의 다이어트 방법은 이별이라고 하더니 그 말이 딱 맞았다.

일년 만에 12kg가 빠졌다. 놀랍도록 고무줄 같은 몸무게다. 알맞은 식단 조절과 전문가의 운동 코칭도 없었으니 건강하게 뺐다고는 못하겠다. 전체적인 신체 사이즈는 줄었으나 아마 인바디 점수를 측정하면 반타작도 못 맞지 않을까 싶다. 한 번 생긴 튼 자국은 흉터처럼 남아 지워지지 않았고 아직도 누군가 날 비방하는 말을 하면 내가 뚱뚱해서, 라고 생각한다. 비방의 이유와 목적이 외모와 전혀 상관없더라도 생각이 그렇게 흘러간다.

내가 날 좋아하지 않는데 누가 날 좋아할까. 나부터 나를 사랑해야 한다는 걸 잘 알고 있음에도 그게 생각만큼 쉽지 않다. 차라리 콤플렉스를 훤히 드러내 보면 어떨까, 하는 나답지 않은 방안을 고려해 냈다. 가리는 건 자신 있어도 드러내는 건 고역인데 말이다.

하체에 반해 비대한 상체가 가장 큰 콤플렉스다. 가만히 서 있으면 압도적으로 무게 중심이 상체에 있어 위태로워 보인다. 실제로 조금만 미끄럽거나 작은 돌멩이만 있어도 잘 넘어진다. 의식적으로 다리를 드러내고 팔이나 배를 꽁꽁 싸매는 게 버릇인데, 과감히 팔뚝을 드러내 보기로 한다. 당장 실을 가져와 내 생에 첫 민소매를 뜨기 시작했다. 도안 사이트 검색 필터에 민소매를 설정히니 수천 개의 도안이 나왔다. 그중 내가 고른 건 드롭스 디자인의 'Spiced Breeze'이다. 예시 사진에 저마다 다른 몸매로 이 옷을 입고는 환하게 웃고 있는 여성들의 표정이 마음에 들어서 골랐다.

피그먼트울 2번 색상(수련)을 사용했다. 파인울[10] 60%, 나일론 35%, 아크릴 5%의 실이다. 혼용율을 보면 알겠지만 피부가 예민하다면 맨살에 입는 옷을 뜨는 건 추천하지 않는다. 나는 실을 가릴 만큼 피부가 예민한 편은 아니라서 고민 없이 작업에 들어갔다. 메인 바늘은 5mm, 고무단은 4.5mm 바늘을 사용했다. 스와치도 미리 떴고 게이지 계산도 꼼꼼히 했는데 뜨는 내내 불안했다. 완성본이 너무 작으면 어떡하나 무서웠다. 기껏 단점을 마주하겠다고 뜬 옷을 못 입게 되면 정말 영영 몸을 숨기며 살아야 할 것 같았다.

　몸통 고무단부터 시작하는 보텀-업 방식이었고 가슴을 지나 어깨 끈까지 뜨면 끝이다. 특별한 무늬가 없어 메리야스뜨기, 가터뜨기, 고무뜨기, 코 줄이기만 할 줄 알면 쉽게 뜰 수 있다. 그럴듯한 이름들이지만 사실 겉뜨기와 안뜨기만 할 줄 알면 된다는 말이다. 그간 연마한 뜨개 속도가 달갑지 않은 건 처음이었다. 이렇게 빨리 떴다는 사실이 당황스러울 정도다. 아직 이걸 입을 마음의 준비가 되지 않았는데!

　실 정리만을 남겨두고 며칠간 방치했다. 시간이 지나도 마음은 준비될 기미가 없었으므로 그냥 눈 꼭 감고 입기로 했다. 옷의 가슴 단면을 재고, 사이즈 표를 확인하고 몇 번이나 내 가슴둘레와 허리둘레를 재며 심호흡했다. 양팔과 머리를 집어넣고 천천히 옷을 잡아 내렸더니…… 둘레가 남았다. 작을까 걱정하던 지난날이 무색하게

10　메리노 품종의 양털로 만든 울 원사 중 중간 굵기의 실.

오히려 넉넉했다. 거울 속 내 몸은 전과 다를 바가 없는데 저건 내 상상 속에서만 존재하는 모습인 건가. 마냥 가리려고 했던 팔뚝이 어쩐지 괜찮아 보였다.

한동안 몸무게는 계속 동일했으니 옷을 만드는 동안 갑자기 팔뚝 둘레가 줄었을 리 없지만, 기분 탓인들 어떠냐. 내가 내 몸에 기쁜 감정을 느끼는 게 얼마만인지 모르겠다. 뜨개로 위안 받는 순간이 모여 다음 뜨개를 만들고 영원히 위로와 포근함이 돌고 도는 일상이 지속되었으면 좋겠다. 당분간 조금 더 날 사랑하는 방법을 찾아가야 겠다.

뜨개인을 화나게 만드는 101가지 방법

- 홍 목도리

학과마다 금기어가 있다. 의상학과 학생에게 옷을 만들어 달라거나, 컴퓨터공학과 학생에게 조립 컴퓨터 견적을 짜달라거나, 심리학과 학생에게 MBTI를 묻거나 하는 것들이다. 학부생에게는 그만한 전공 지식이 없다는 사실을 모르는 치들의 발언이다. 설령 옷 한 벌 만들 능력이 충분하다고 한들 뻔뻔하게 요구하는 무례한 사람의 말을 들어줄 필요는 없다.

대개 나이가 들고 직장을 잡으면 의외로 앞선 요구를 더 적게 받는다. 내 경우 문예창작과라는 이유로 주변에서 글과 관련되기만 하면 죄다 들이미는 바람에 자기소개서부터 결혼식 축사, 재판 제출용 탄원서, 논술문까지 첨삭해 봤다. 지인들의 부탁이었기에 보상을 바란 건 아니었지만 내가 시간과 노력을 쏟아 고민한 자기소개서로 취업을 해도 고맙다는 인사 한마디 없는 게 대부분이었다. 시간이 지나 직장을 다니게 되면서 보상 없는 퀘스트가 점차 줄어드는가 싶더니 무례가 취미로 옮겨왔다.

뜨개인을 화나게 만드는 여러 방법 중 즉효는 역시 말이다. 직장이나 일에 관해서는 함부로 말하지 않는 사람들도 취미에는 하나씩 말을 얹는다. 인복이 많아 따스한 말이 압도적으로 많지만서도 가끔 듣는 황당한 말이 훨씬 오래도록 마음에 남는다.

가장 흔하게 듣는 건 '나도 하나 떠 줘'이다. 말하는 사람이 장난 삼아 말했어도 문제고 진지하게 말했어도 문제. 나와 친밀한 사이라면 기꺼이 옷 한 벌 떠줄 마음이 있지만 꼭 '그냥 아는 사이'에 그칠 뿐인 사람들이 스치듯 말한다. 옷 하나 받으면 좋고 아니면 말고 식의 언동으로 날 헷갈리게 만들었다. 그럴 때마다 머쓱하게 웃어넘겼는데, 딱 한 번, 무시하기 어려운 상사의 부탁으로 원하지 않는 뜨개를 한 적이 있다. 이왕 만드는 거 취향이라도 맞추자 싶어 연하늘색을 가장 좋아한다는 정보까지 입수했었다. 반소매 니트였는데, 막상 입어보니 옷은 사 입는 게 맞는 것 같다는 소리나 들었다.

차라리 떠달라고 무례한 부탁을 받는 게 낫다. 사 입는 게 낫다거나 그거 떠서 뭐하냐는 말은 실시간으로 내 노력을 비하하는 말이다. 공장에서 기계가 밤낮으로 일정하게 직조하는 편물을 내가 감히 질적으로 따라잡을 수 있을까. 어림도 없다. 직접 실을 구매해서 만드는 게 더 저렴한가 하면 그것도 아니다. 비싼 실은 옷 한 벌 분량에 십만 원도 우습고 거기에 시간과 노력을 비료 삼아 갈아 넣어야 한다. 적당한 옷가게에서 니트 한 장에 오만 원 선으로 구매하는 게 가성비가 좋을 수도 있다는 말이다. 그럼에도 손으로 한 코씩 실을 걸고 빼낸다는 건 다른 이유가 분명 있을 거라는 걸 왜 고려하지 않는지 모르겠다.

얼마 전, 뜨개실을 정리하다 올 초에 떴던 목도리를 발견했다. 늦

겨울과 초봄 사이 완성했던 목도리인데 날씨가 금세 더워지는 바람에 몇 번 착용하지 못했다. 어디로 사라졌나 했더니 실 무더기 아래 깔려 있었다. 이러니 못 찾지.

꽈배기 무늬만 들어간 쁘띠 목도리로, 사람들로 하여금 잔소리하게 만드는 신비한 능력이 있다. 예쁘긴 한데 너무 짧다거나, 예쁘긴 한데 너무 칙칙하다거나, 예쁘긴 한데 너랑 안 어울린다거나. 최종 진화는 '예쁘긴 한데 우리 애가 더 잘 어울리겠다'였다. 차라리 달라고 부탁하는 게 낫지 않나 싶다.

예쁘긴 한데, 로 시작하는 말은 대부분 '네 물건이 내 마음에 들지 않는다'는 걸 의미한다. 자매품으로 '나는 괜찮은데, 다른 사람들이 싫어할까봐'가 있다. 이 목도리는 내가 필요에 의해 일부러 짧게 떴다고 설명한들 그들은 어차피 듣지 않는다.

길고 화사한 목도리가 있으면 짧고 어두운 목도리도 있다. 두툼하고 따뜻하고 폭신한 한겨울 목도리. 길게 늘어뜨려 목에 둘둘 감아 한파를 막아주는 목도리. 내 뜨개의 시작이 된 것도 목도리. 이번에 가지고 싶었던 건 얇고 흐느적거리는 목도리였다. 패딩이나 코트 안에 두르고 다닐 목적이었다. 외투에 가려질 테니 슬쩍 보이는 부분도 포인트가 될 수 있게 꽈배기 무늬를 넣었다. 내 목도리에는 다 계획이 있었단 말이다.

　제일모직 헤라울 그레이 색상과 5mm 바늘을 사용했다. 3코씩 교차 떠 만드는 꽈배기가 반복되어 단순하지만 귀엽다. 첫 코를 걸러 떴더니 옆모습이 정갈한 게 마음에 쏙 든다. 시작과 끝에 두 코 고무단이 중간 꽈배기 무늬를 한층 정리해 주는 느낌도 든다.

　더할 나위 없이 내 마음에 꼭 들었지만, 짧았던 건 인정한다. 시중에 파는 목도리보다 반절은 짧다. 그렇게 만든 건 불필요하게 몸 쪽으로 내려오는 걸 막기 위해서였지 누군가의 아이에게 넘겨주기 위함이 아니었다. 그 불편했던 말의 출처는 종종 만나는 지인이었다. 만약 이 목도리가 마음에 드니 하나 떠 줄 수 있겠냐고만 물어봤어도 흔쾌히 승낙했을 거다. 실과 바늘, 도안만 마련해준다면 상대가 누구든 뜨개 실력을 뽐낼 준비가 되어있다. 아, 완성까지 기다릴 수 있는 넉넉한 인내심도 필수다.

분명한 의도와 목적으로 만들어진(혹은 구매한) 물건을 낭비라고 여기는 사람들이 종종 있었다. 가치관의 차이이니 처음에는 웃고 넘겼는데 반복되니 억울했다. 일기장에 어떤 말을 들었는지 적으며 속앓이하다 잠시 손을 멈췄다. 곰곰이 생각해 보면 내 필요가 대중성에서 벗어나 있기 때문인 것 같았다. 목도리는 길어야 하고 휴일은 쉬라고 있는 건데, 내 목도리는 짧으니까. 나는 휴일에도 가만히 있지 못하니까.

종일 휴대폰만 봤다거나 아주 긴 낮잠을 자느라 느지막한 점심을 먹은 날에는 죄책감이 든다. 나쁜 게 아닌데도 나쁜 짓을 한 기분이다. 책을 읽거나 영화를 보며 혼자 요약이라도 하든가 손으로 계속 무언가 만들고 있어야 마음이 편하다. 나는 짧은 목도리 같은 사람이다.

나름대로 쉬는 중인데 꼭 가족들은 틈날 때마다 뜨개하는 날 보고는 좀 쉬라며 잔소리한다. 이게 휴식이라고 아무리 말해도 아니란다. 그냥 아무 것도 하지 말고 누워 있어 보란다. 이상하다. 내 상태는 내가 정하는 건데.

목도리를 탐냈던 지인에게는 죄송하다며 좋게 거절했다. 어떤 의도를 가지고 만든 목도리라는 건 설명하지 못했다. 한참 연상인 사람에게 예의 없어 보일까 봐 그냥 실이 모자라서 짧게 끝냈다고 말했다. 실은 한 볼이나 남았는데 말이다. 이때부터 이 목도리를 흥 목도리라고 불렀다. 누군가 첨언하면 흥, 하고 넘길 생각으로 유치하게 붙은 이름이다. 물론 아직 실현해 보지는 못했다.

거실에 뒀던 실 바구니를 방으로 옮기고 목도리도 옷장 속에 넣어 뒀다. 다음 겨울에 두르고 나갈 수 있을지 모르겠다. 만약 누군가 다시 '예쁘긴 한데'로 운을 떼면 당차게 흥 할 수 있을까. 취미 생활도 눈치를 봐야 한다니. 온전히 혼자 즐길 수 있는 날이 왔으면 좋겠다.

외로운데 사람은 싫어요

- 뜨개 카나리아

   이번엔 초장에 이실직고하겠다. 작품이 망했다. 조금도 아니고 아주 대차게 망했다. 뜨개구리 도안을 만든 'Claire Garland'의 뜨개 카나리아를 만들었는데, 색을 제외하면 도저히 닮은 부분을 찾을 수가 없다. 기계가 만들든 손이 만들든 인형에서 가장 중요한 건 이목구비이다. 외곽선이 삐뚤어도 똘망한 눈과 앙증맞은 입만 있으면 그럴듯한 인형이 된다. 내 뜨개 카나리아는 부리와 눈을 잘못 단 건지 심술궂은 초등학생처럼 생겼다. 바느질은 내 길이 아니라고 인정하며 새로 뜨지 않기로 했다. 그냥 이런 날도 있다, 는 걸 가감 없이 말해 본다. 작품은 망했지만 이번 화도 즐겁게 읽어주시라.

   내가 거쳐 온 약 200개쯤 되는 취미 중 가장 활동성이 높았던 건 배드민턴이다. 산책을 제외하면 잘 움직이지 않으니 사실 유일무이한 운동이었다. 밥도 거르며 체육관에서 살았던 내가 배드민턴을 그만두게 된 이유는 혼자 할 수 없다는 점 때문이었다. 반드시 내가 보낸 셔틀콕을 다시 나에게 돌려보내 줄 상대가 필요하고, 상대와 나의 수준이 비슷해야지만 경기가 재밌다. 수준 차이가 많이 나는 경우 한쪽에서 일방적으로 맞춰야만 하기에 만족스럽게 즐길 수가 없다.

 고등학교 시절 친구들과 만든 배드민턴 동아리는 졸업 후에도 20대 초반까지 이어졌다. 일행 중 아무도 차를 가진 사람이 없었던 때라 등에 라켓 가방 짊어지고 손에 배드민턴화 들고 구장까지 한 시간쯤 걸려 도착하면서도 아무도 불평하지 않았다. 웃고 떠들고 경기하고 연습하고, 끝나면 햄버거 하나씩 입에 물고 집에 가는 게 당연했다.

 시간이 지나며 동아리 구성원들이 사회생활을 시작하고 지리적·시간적 요건이 충돌하면서 자연스레 소홀해졌다. 열 명쯤 되었던 아이들 중 아직 연락하며 지내는 건 단둘이다. 일방적으로 나에게 맞춰야만 하는 월등한 실력 차이의 둘이라 차마 함께 구장에 가자는 부탁도 못한다. 찾아보니 거주하고 있는 지역에도 배드민턴 모임이 여러 개 있었지만 극 내향인으로서 초면인 사람들과 함께 운동하는 건 상상만으로도 힘든 일이다. 배드민턴은 그렇게 추억 속 운동이 되어버렸다.

뜨개는 주고받을 상대가 필요하지도 않고 굳이 체육관이나 네트를 찾지 않아도 된다. 실과 바늘만 있으면 카페에서도 집에서도 지하철에서도 구애받지 않고 혼자 할 수 있다. 단, 여러 장소에서 뜨개를 해본 결과 카페에서는 털이 날리지 않는 종류의 실을 가져가는 게 좋고 지하철에서는 사람들의 시선을 의식하지 않아야 한다. 모두 휴대폰만 들여다보는 지하철에서 홀로 뜨개하는 모습이 웃기긴 하다.

시간과 공간, 심지어 사람 제약도 거의 없는 뜨개가 즐거워도 이따금 사람이 많이 모여 어수선한 분위기가 그리울 때가 있다. 앞에서는 혼자 할 수 있는 게 장점이라 말해 놓고 지금은 혼자가 외롭다고 말하는 게 다소 이상하게 느껴질 수도 있다. 나도 뚝심 있게 한 가지 생각을 쭉 밀고 나가고 싶지만 쉽지 않다. 나는 짐 가방을 들고 카페에서 혼자 잘 꼼지락대다가도 심심함을 이기지 못하고 말동무를 불러내고 마는 사람이다.

일 때문에 모여 있는 회사 동료 말고, 놀기로 작정하고 모인 사람들 틈에서 덩달아 행복해지는 느낌이 그리울 때가 있다. 보고 싶으니 당장 모이자고 연락한들 전국 팔도에 흩어진 친구들이 모두 모이는 건 불가능에 가까우니 직접 친구를 만들어 보고자 했던 게 처음 말한 카나리아다.

 슬로우스텝 113번(노랑) 실로 캐스트온했다. 권장 바늘이 2.5mm 에서 3mm인 얇은 실이라 두 줄로 잡아 4mm 바늘로 작업했다. 도안 속 견본품이 4mm 바늘을 이용한 작품이기도 했고 손에 올려놓 았을 때 너무 작지 않았으면 했다. 얇은 바늘로 작업할 자신이 없었 다는 점도 솔직하게 털어놓겠다.

 영문 도안이라지만 어차피 약어로 기술되어 있으니 이해하는 게 어렵지는 않았다. 꼬리부터 시작해 등줄기를 타고 올라와 머리까지 뜨고 나면 부리와 눈을 달아주며 마무리하게 되는데, 단추나 소품을 이용하지 않고 검은 실로 바느질해야 했다. 작지만 노란색과 대비되 어 또렷한 검은 눈, 복숭아 색 부리를 한 땀 한 땀 꿰어주니 날 반기는…… 정체불명의 새 한 마리. 애니메이션 '아따맘마'의 엄마 캐릭터를 닮기도 했고 '달려라 하니'의 고은애를 닮기도 했다. 샘플 사진 속 귀여운 카나리아 대신 매운 음식 잘못 먹고 부리가 퉁퉁 부어 버린 노란 새가 날 노려본다.

    카나리아는 노래하는 새다. 사람이 생각하는 노래와는 다소 결이 다르지만 저들끼리 노랫소리를 전수하기도 한단다. 지지배배 소리가 아름다워 반려동물로 키우는 사람도 있다. 내 뜨개 카나리아는 울지 못하지만 그래도 옷걸이 따위에 올려놓으니 꽤 귀여웠다. 여러 마리를 만들어 방 곳곳에 올려 두면 정말 소리를 낼 것도 같다. 혼자 있는 걸 좋아하면서 인형을 만들어 외로움을 달래려고 했다니. 나는 이렇게나 모순적인 사람이다.

    오랫동안 사람을 싫어했다. 정확히 말하면 익숙하지 않은 사람들과 새로운 인연을 만들어가는 과정이 해가 갈수록 피로했다. 나와 잘 맞는지, 이상한 사람은 아닌지, 어떤 사고방식과 가치관을 가졌는지 파악하는 얼마간의 기간을 잘 견디지 못했다. 다가오는 사람들과 모두 친밀한 사이가 되었다가 상처를 받은 적도 많았고 반대로 내가 상대의 속사정을 잘 모른 채 건넨 말 한마디로 상처를 준 적도 있었다. 학생 때는 강제로 일 년을 같이 보내야만 하는 학급이라는 울타리가 있었다면 성인이 되고 나서는 굳이 새 관계를 만들어야만 하는 울타리가 없어졌으니 날이 지날수록 인간 관계가 고여 버렸다.

    어쩌면 사람이 싫은 게 아니라 사람들이 지나가고 혼자 남겨진 시간을 싫어했던 걸지도 모르겠다. 웃고 떠들다가 헤어지고 나면 문득 이게 다 무슨 소용이 있나, 하며 어쭙잖은 사색에 잠기곤 하는데 그 끝이 대부분 외로움으로 귀결되었던 것 같다. 약속이 끝나면 집까지 오는 만원 지하철에서 손으로는 휴대폰을 만지지만 무언가를 보고 있는 건 아니다. 뚜렷하게 눈에 들어오는 것도 없는데 그냥 손가락만 아래로 획획 내리다가 괜히 메신저에 한 번 들어가고, 아직 한 정거장밖에 지나지 않았다는 사실에 피곤을 느끼고, 다시 휴대폰을 들어 의미 없이 눈동자를 굴린다. 그럼 눈으로는 웹툰을 보면서 머리로는 실수한 건 없는지 그날의 일정을 훑고 있다. 방금까지 웃던 저 사람, 모퉁이를 돌고도 아직 웃고 있을까 하는 가사가 내 얘기인 것처럼 굴었다. 마음 한구석에 이런 불안을 떠안고 사는 게 스스로에게 가장 불행한 일인 걸 알면서도 잘 고쳐지지 않는다. 하기야, 고치고 싶다고 바로 고칠 수 있으면 세 살 버릇 여든까지 간다는 옛말이 애초에 생기지도 않았을 거다.

사랑하는 사람이 떠나갔을 때면 재회하는 꿈을 꾸고, 다시 만나게 되면 대차게 차이는 꿈을 꾸는 게 나다. 내 인생의 주안점이 타인에게 맞춰져 있기 때문이다. 미디어에서는 늘 인생의 주인공이 나라고 외치던데 나는 '내 인생의 주인공은 너!'를 실천하고 있다. 내 손으로 만든 카나리아만큼은 언제까지나 곁을 지키며 맑게 웃어줬으면 좋겠다는 마음으로 만든 건데, 완성작이 어처구니없을 정도로 원작과 달라서 웃기기만 하다. 이유가 어쨌든 웃으니 한껏 센치해졌던 기분이 괜찮았다. 모로 가도 서울만 가면 된다는데 억울하게 생긴 카나리아 덕분에 오늘 내 기분은 수도권까지는 간 것 같다.

나를 죽이지 못하는 고통은 나를 더 강하게 만들 뿐

- 펠팅 지옥

뜨개를 크게 세 단계로 나눠 보자. '재료 준비 / 뜨개 / 세탁' 정도로 나눌 수 있겠다. 재료 준비는 실과 바늘, 도안, 부자재 등을 고르며 다음 작품을 한껏 기대하는 구간이다. 인터넷으로 주문하는 것도 좋지만 가끔은 뜨개샵에 들러 직접 만져 보고 색을 고르며 들뜨기도 한다. 그러다 기분이 좋아지면 단추나 라벨 같은 걸 하나씩 대보며 어느 게 가장 잘 어울릴까 고민하다 개당 천 원이니 여러 개 사자며 라벨만 만 원어치 산다. 티끌 모아 태산은 저축보다 소비에 잘 어울리는 말임을 배우는 시간이다.

뜨개는 말 그대로 뜨개다. 천천히 도안을 보며 한 단씩 뜨면 된다. 막힘없이 뜨다가 전부 풀기도 하고 몇 달 동안 방치하기도 하고 실수 몇 개는 눈 감으며 마지막 코까지 바늘에서 빼낸다. 완성하고 나면 가장 중요한 세탁이 기다린다. 스와치를 미리 만들어 봤다면 세탁 후 게이지 확인을 위해 분명 물에 젖은 편물을 봤을 거다. 유감이지만 경우에 따라 손바닥만 한 스와치와 완성한 스웨터의 세탁 후 모습이 다를 때가 있다. 90%의 확률로 본인 잘못일 경우가 많으니 아무도 탓할 수 없다.

실 종류에 따라 다르지만 대부분 뜨개를 마친 후 첫 세탁은 드라이클리닝이 가장 좋다. 편물 변형이 거의 일어나지 않으면서 세탁소에 맡기기만 하면 되니 작업자에게도 가장 편한 방법이다. 좋은 걸 알지만 매번 세탁소에 가기에는 금액이 만만치 않다. 한 번 맡길 때마다 삼만원씩 지출하다가는 내 가여운 통장이 버티지 못한다. 차선책은 집에서 하는 물세탁이다. 물세탁이 불가능한 실은 없다. 특별히 주의해야 하는 소재가 아니라면 실은 물을 거칠수록 부드러워 진다. 첫인상이 뻣뻣하더라도 몇 번의 세탁 후 부드럽게 살을 감싸는 실도 있었다. 이 모든 건 '올바른' 세탁 방법이 뒤따랐을 때의 이야기다.

지금까지 내가 해 온 세탁법은 이렇다.

1. 세면대 가득 물을 받는다. 이때 온도는 미지근한 것보다 조금 차가운 쪽에 가깝다.
2. 손으로 온도를 확인하고 울샴푸를 소량 물에 섞는다. 휘휘 저어 거품이 생길 때 옷을 푹 담근다.
3. 옷이 충분히 물을 머금으면 가볍게 주물러 세탁한다. 실에 따라 색 빠짐이 있을 수 있다.
4. 옷을 헹군 뒤 깨끗한 물에 섬유 유연제를 풀어준다. 옷을 넣고 잠시 기다린 뒤 헹구지 않고 물기만 제거한다. 이때 비틀어 짜면 코가 늘어날 수 있어 꾹꾹 눌러 물기를 제거한다.
5. 적당히 물기가 사라진 옷을 세탁 망에 넣고 세탁기로 탈수한다. 기계탈수가 위험할 수 있지만 가장 약한 세기로 설정하면 괜찮다.

6. 종료 알람이 울리면 옷을 꺼내 바닥에 널어 자연 건조한다.

이 여섯 단계는 결코 날 배신한 적이 없었다. 처음부터 따랐고 앞으로도 변치 않을 원칙이었다. 지난달 전까지는 말이다. 계속되는 실수에 마음이 꺾였어도 굴하지 않고 완성한 '스크류 썸머 니트'와 주디 선생님께 빌고 빌며 완성했던 '카라 스웨터'가 펠팅되었다. 믿는 도끼에 발등이 깨져버렸다. 그것도 산산조각 났다!

섬유가 서로 엉켜 조밀한 집합체가 되는 것. 그게 펠팅이다. 한국어로는 축융이라고 하는데 이렇게 부르는 사람은 본 적 없다. '푸르시오'보다 뜨개인에게 좌절감을 주는 현상이다. 풀면 실이라도 남길 수 있는데 펠팅된 옷은 살릴 수가 없다. 사이즈가 줄어드는 건 물론이고 부직포 같은 질감으로 변하며 열심히 넣어놓은 무늬는 다 사라진다. 재앙이 아닐 수 없다.

세탁기에서 꺼내고 처음에는 두 눈을 의심했다. 항상 똑같이 세탁했는데 왜 이제 와서 이러는가. 손으로 잡아당겨도 봤지만 꿈쩍하지 않았다. 펠팅을 실제로 접한 적이 없어 단순히 줄어든 줄만 알았다. '줄어든 니트 복구하는 법'을 검색해 린스와 트리트먼트를 풀어둔 물에 오래 담구고 스팀 다리미까지 동원했지만 소용없었다. 조금 풀리는 듯하다 그대로 멈췄다.

원인이라도 알아야 같은 실수를 반복하지 않을 테니 세탁 과정을 하나씩 복기했다. 여기저기 검색해 본 결과 세탁 망이 문제였다. 옷을 넣었을 때 세탁 망에 여유 공간이 남으면 세탁기 안에서 이리저리 굴러다니며 편물이 마찰되고, 탈수 세기가 약하더라도 펠팅이 쉽게 일어난다고 했다. 울 함유 실이면 더욱 쉽다고. 작아지는 대신 단단해지는 특성을 살려 일부러 펠팅시키는 기법도 있는 것 같았다. 뜨개 가방의 경우 물건을 담으면 그 모양대로 처지는 경우가 많은데 펠팅 시켜 모양을 고정시켰다는 글을 보았다. 아직도 배울 게 한참이다.

애정을 듬뿍 담았던 옷 두 개는 끝내 살아나지 못했다. 욕조에 트리트먼트 범벅을 해 놨더니 다음 날까지도 화장실이 향기로웠다. 할머니는 쪼그라든 옷을 보며 몹시 안타까워했고 나는 그보다 더 속이 쓰렸다. 옷을 뜨며 들인 긴 시간이 허무하게 사라졌다고 생각했다. 요즘 유행한다는 원영식 사고를 동원하자면 '앞으로 같은 실수를 안 할 수 있잖아! 러키비키잖아!' 정도기 될까 싶다. 긍정 사고를 유지한다는 건 마인드 컨트롤 능력이 뛰어나다는 말이다. 계획 없이 시작해서 계획 없이 그만두는 데다 남의 말에 쉽게 흔들리는 내가 따라하기에는 적잖이 어려운 일이다.

척 봐도 반절 넘게 줄어들었지만 한 번 입어나 보자 싶어 팔을 넣어 봤는데, 전에 입었던 실의 감촉과 전혀 달라 당장에 빼 들었다. 부정하던 현실을 받아들이고 이만 놓아줄 때가 왔다. 망가져버린 물건을 애착이라는 이름으로 껴안는 건 일종의 도피다. 충분한 애도 기간을 가졌다면 앞으로 나아갈 때다.

앞서 서술한 세탁 과정을 그대로 유지하되, 문제였던 5번 과정만 수정했다. 마른 수건 위에 젖은 옷을 올려놓고 꾹 눌러 물기를 최대한 제거한다. 옷의 물기를 힘껏 빨아들인 수건을 빼고 새 수건으로 교체한다. 그대로 돌돌 말아 양 끝을 고무줄로 고정한다. 롤케이크 같은 모양새다. 동그랗게 잘 말린 수건 케이크를 세탁기로 똑같이 탈수하면 된다. 하룻밤 서늘한 곳에 눕혀 두면 뽀송하게 잘 마른 뜨개옷 완성이다. 세탁 망을 수건으로 바꾸기만 했는데 문제가 사라졌다. 아, 대신 젖은 수건이 4장은 족히 나온다는 새로운 문제가 생기니 등짝 맞기 싫다면 부모님 몰래 하길 추천한다.

 이로써 어제의 나보다 오늘의 나는 더 강한 뜨개인이 되었다. 나를 죽이지 못하는 펠팅은 나를 더 강하게 만들 뿐이다. 분명 고비는 앞으로도 튀어나오겠지. 내 꿈은 1인용 리클라이너 소파에 앉아 실 걱정 없이 뜨개하는 백발 할머니다. 마음의 평화와 몸의 안식으로 아무 걱정 없이 여유를 즐기는 멋쟁이가 될 거다. 그러기 위해서는 수시로 튀어나오는 고난을 피하지 않고 헤쳐 나가야 할 필요가 있겠다. 아무래도 늙은 나보단 젊은 내가 눈도 밝고 체력도 좋지 않겠는가. 지금 인터넷이며 책을 뒤져가며 해결 방법을 찾는 건 나중에 불편하지 않기 위해서다.

 시련아 와라. 이왕이면 쉽게 해결할 수 있게. 이왕이면 덜 힘들게.

굳이 기성 옷 풀어 새 옷 만들기

- 베리 도넛 스웨터

뜨개를 하기 전에도 니트를 좋아했다. 잘못 입으면 몸이 더 커 보여 간혹 심술 난 복어처럼 보이곤 했지만 그래도 좋아했다. 간절기용 얇은 니트부터 한겨울 새벽 추위도 이겨낼 두꺼운 스웨터까지 종류도 다양하게 입었다. 비교적 유행을 타지 않아 언제 입어도 무난하다는 것도 큰 이점이었다. 해가 바뀌기도 전에 수시로 바뀌는 유행을 따라가기는커녕 패션에 관해서는 문외한이라 한 번 사서 오래 입는 게 중요했다. 소재만 괜찮다면 쉽게 보풀이 일거나 헤지지 않고, 외투로 보호하니 오염 걱정도 적다. 겨울에 입으니 땀이나 노폐물에 옷감이 상할 일도 거의 없다. 니트야 말로 완벽한 옷이 아닐까?

집 정리를 하다 옛날에 쓰던 휴대폰들을 찾았다. 초등학생 때 쓰던 슬라이드 휴대폰을 켜보고 싶었는데 24핀 충전기는 도저히 찾을 수가 없었다. 충전기에 그려진 삼각형이 빨간색, 초록색으로 충전 상태를 알려줬던 그 충전기다. 스무 살 때 쓰던 휴대폰으로 눈을 돌렸다. 다행히 남아있던 5핀 젠더로 충전하니 잘 켜진다. 동기들과 수업 빼먹자고 작당 모의하던 문자, 과제 마감 일정을 표시해 놓은 캘린더 어플을 구경하다 사진첩을 들어갔는데 익숙한 니트가 보였다. 어두운 주황빛의 폴라 니트. 저번 겨울에도 심심치 않게 입은 옷이다. 햇수로 9년이나 입었는데 소매 안쪽이 조금 바랜 것 말고는 말끔하다. 역시 니트!

반면 과거의 나를 이해하지 못하는 니트도 있다. 지금이라면 절대 돈 주고 사지 않을 만한 진초록색 니트인데, 널찍하게 파인 V넥이 어깨선을 도드라지게 만들어 승모가 한껏 솟아 보였고 소매며 몸통 끝단에 제대로 마감 처리가 되어 있지 않아 실오라기가 잔뜩이었다. 어느 인터넷 쇼핑몰에서 헐값에 샀으니 불평할 처지는 안 되었다. 기계만 짤 수 있는 얇은 원사가 불안정하게 교차한 모습이 어설퍼 보였다. 그럼에도 5년이나 지나 옷장 구석에서 발견되었다. 다시는 입을 일이 없을 것 같아 의류 수거함에 집어넣으려다 번뜩, 니트는 곧 실이 아닌가 하는 의문이 들었다. 실로 짰으니 그대로 풀면 실이 나오는 게 아닌가? 청바지는 잘라서 가방도 만들던데 스웨터는 또 다른 스웨터가 될 수 있는 게 아닐까!

두루뭉술 떠오른 호기심은 순식간에 그럴듯한 계획을 두르고 내 몸을 움직이게 만들었다. 우선 옷을 뒤집어 형태를 살폈다. 목이나 소매 끝에 고무단 없이 전체 메리야스뜨기로 이루어졌다. 팔 두 짝, 앞판과 뒤판까지 총 4장을 각각 만들어 결합한 모양이었다. 결합부를 보니 진초록색 니트를 방해하지 않기 위해 비슷한 색의 실로 바느질되어 있다. 우선 이 실을 뜯어 옷을 4장의 편물로 나눠야겠다.

쪽가위로 촘촘히 박음질 된 이음새를 잘랐다. 끝을 잘 자르고 손으로 잡아당기면 쉽게 뜯을 수 있을 줄 알았으나 전혀 아니었다. 세탁기의 휘몰아치는 헹굼 및 탈수를 견디기 위해 견고하게 박음질되어 가위질 한 번으로는 택도 없었다. 왼쪽 소매를 분리하는 데만 삼십 분이 걸렸다. 오른쪽 소매는 이십 분. 그 사이 익숙해졌나 보다. 앞판과 뒤판은 제쳐두고 소매 두 개만 먼저 풀어보기로 했다. 편물의 시작점을 찾아야 했는데, 아무리 찾아도 끝매듭이 어딘지 모르겠다. 손목 부분을 봐도 어깨 부분을 봐도 갑자기 편물이 끝난다. 마무리 매듭 없이 코를 끝낼 수 있단 말인가. 고도로 발달한 직조 기계는 마법사와 다를 바 없다. 하는 수 없이 소매 끝을 살짝 잘라 억지로 잡아당길 실을 만들었다. 이제 쭉 잡아당기면 소매가 실로 바뀌어야 하는데……. 세상 일이 마음대로 되는 게 하나도 없다. 또 실패다.

잘 풀리다가도 자꾸 중간에 끊긴다. 하나의 긴 가닥으로 술술 풀리는 게 아니라 손바닥만 한 짧은 가닥 여러 개로 풀린다. 쓰레기를 만들고 있는 것과 다를 바가 없다. 이미 책상은 실밥이며 실먼지로 어지러운데 거기에 초록색 실가닥들이 난입했다. 허리까지 오는 긴 초록머리를 가진 사람이 단발로 자른 자리가 이렇게 생겼겠다. 이걸로는 아무것도 뜰 수 없다.

소매가 원통으로 만들어지지 않았을 수 있다는 자기 위안을 하며 뒤판을 풀어 봤다. 옆선을 따라 박음질을 뜯어 앞판과 나눠준 뒤 말 그대로 실낱같은 희망으로 천천히 실을 잡아 당겼다. 첫 번째 단, 두 번째 단, 세 번째 단을 지나 네 번째 단까지 이어지는 실을 보고 호들갑을 떨 준비를 마친 참이었는데 곧바로 다음 단에서 맥없이 툭 끊어졌다. 호기심은 호기심으로 놔둬야 했나. 무엇이 문제인가. 오기가 생겼다.

 마지막 남은 앞판을 풀기 전, 면밀히 살펴볼 필요가 있다. 기계 편물을 푼다는 건 애초에 안 될 일인 건지, 가능성이 있긴 한 건지 알아야겠다. 자세히 보니 쪽가위로 박음질을 뜯을 때 자르면 안 될 실까지 자른 것 같았다. 그럼 뜯는 것만 조심히 하면 가능하다는 말이 된다.

 'Recycling yarn' 혹은 '재활용 실'로 검색하니 꽤 다양한 자료가 나왔다. 굳이 스웨터를 자르고 풀지 않아도 면티로 패브릭얀을 만들어 활용하는 방법(채널명 '업사이클링소재은행'의 옷감 실 만들기 영상)도 있었다. 한 번만 검색해 봤다면 도움 받을 만한 내용을 일찍이 접할 수 있었을 텐데 늘 이렇게 뒷북을 친다.

 초록 니트는 성공을 위한 발판이라고 치고 다음 희생양에게 눈을 돌렸다. 마찬가지로 오랫동안 즐겨 입은 연분홍색 카디건인데 색도 바랬고 사이즈도 많이 늘어났다. 포근한 느낌이 좋아 작년까지 종종 입긴 했어도 없애는 데에 미련이 안 생기는 걸 보니 우리의 연은 여기까지인가 보다. 멀쩡한 옷을 자르고 푸는 주인을 원망하겠지만 꼭 예쁜 옷으로 환생시켜 주겠다는 일방적인 약속을 하며 카디건을 꺼냈다. 게임에서도 상급 몬스터를 소환하려면 희생시킬 하급 몬스터가 필요한 법이다.

 처음 풀었던 옷보다 훨씬 통통한 실에 잘 보이는 시작점과 끝매듭부터 기운이 좋았다. 뒤집은 채로 저녁이 될 때까지 쪽가위질을 열심히 움직였더니 소매 두 개와 몸통이 깔끔하게 분리됐다. 옆선이 없으니 실로 돌릴 수만 있다면 상당한 길이의 실을 얻을 수 있다. 설레는 마음으로 소매 끝을 살짝 잘라 잡아당기니… 성공이다! 끊김 없이 소매 한 쪽을 모두 풀었다. 한라봉보다 조금 큰 실공이 나왔다. 저 뒤 쓰레기통에서 울고 있을 초록색 머리카락 더미에게 말한다. 너의 희생이 결코 헛되지 않았다고.

모두 풀었더니 500g이 넘는 실이 생겼다. 아란 무늬 카디건이었던 데다가 도톰하니 폭신한 실이라 예상보다 훨씬 많은 실이 나왔다. 몇 년 동안 같은 모습만 봐 온 탓인지 원래 모습은 온데간데없고 실로 해체되었는데도 머릿속에서는 그물무늬 카디건인 채로 보였다. 비슷한 무늬인 스웨터를 뜨려고 했는데 생각을 바꿔 아예 다른 모습으로 만들고 싶어졌다. 이 실은 곧 '베리도넛 스웨터'로 바뀔 예정이다.

'Berryknitting'의 '베리도넛 스웨터'는 소매와 몸통에 도넛링 무늬가 들어가 귀엽고 발랄한 느낌을 주는 스웨터이다. 그동안 차분하고 묵직한 인상으로 겨울을 지켜준 카디건이 변신하기 딱 알맞은 도안이다. 8mm 바늘에 게이지가 12코 18단. 원작과 거의 같아 추가 계산 없이 도안 그대로 뜨기로 했다. 세월을 맞으며 기름을 먹인 것처럼 실에 윤기가 돌았는데, 스틸 바늘과 궁합이 썩 좋지 않았다. 나무 바늘로 떴다면 조금 더 쫀득한 손맛을 느낄 수 있었을 것 같다는 아쉬움도 잠시, 굵은 실과 굵은 바늘의 조합으로 숭덩숭덩 떠진 덕에 이틀 만에 몸통을 다 떴다. 소매 코를 줍기 전 사이즈 확인 겸 입었는데 넝마 자루가 따로 없다. 도안 초입에 '오버핏' 사이즈로 제작

되었음이 명시되어 있었음에도 그를 무시하고 L 사이즈로 뜬 탓이다. 한동안 벗어났나 싶었던 '푸르시오'의 굴레로 다시 걸어 들어가는 순간이었다.

지독하게 옷을 풀고 실을 감는 한 주가 끝나고 대각선으로 도넛링이 송송 뚫린 스웨터를 완성했다. 어두운 벚꽃 색이었던 카디건으로 딸기 우유 색의 스웨터를 만들었다. 분명 같은 실인데 모습이 바뀌니 미묘하게 색이 달라 보인다. 새 옷을 사고 헌 옷은 버리는 것밖에 할 줄 몰랐는데 이제 헌 옷으로 새 옷을 만든다는 선택지가 생겼다. 큰일이다. 옷장에 고이 개어 놓은 니트며 스웨터들을 죄다 새 옷으로 만들고 싶다. 쓰레기통에 담긴 초록색 니트는 까맣게 잊었다. 당분간은 실 걱정 없이 마음껏 뜨개를 즐길 수 있겠다.

초심자의 마음으로
- 베이직 코스터

어느덧 뜨개를 시작한 지 만 4년이 넘어간다. 특별히 뜨개로 교류하는 친구가 없어 고독하게 독학하고 있다. 학원에서 배우는 취미는 선생님과 교재라는 훌륭한 부스터가 있으니 실력 쌓는 속도가 한결 빠르고 정확하다. 지금 내가 어느 정도 실력인지 확인하기도 편하다. 피아노 학원을 다닌다면 바이엘, 체르니, 베토벤 같은 교재 순서로 가늠하는 식이다.

친구 백씨는 분야가 어떻게 되었든 반드시 학원이나 강의를 통해 정석적인 배움을 추구한다. 도예나 클라이밍 같이 혼자 하기 어려운 취미는 당연하고 바이올린이나 위빙[11] 같은 것들도 모두 수업을 듣는다. 선생님을 통해 배우다 보니 기초부터 착실히 익힐 수 있고 실수를 곧장 바로 잡을 수 있는 장점이 있다.

난 반대다. 일단 혼자 해볼 수 있는 건 혼자 한다. 기타를 치고 싶으면 무작정 싸구려 기타를 하나 산 다음 인터넷에서 영상을 보며

---

11 베틀로 천을 짜는 일을 이르는 말이지만 본문에서는 작은 직조 틀로 무늬를 만드는 취미 수공예를 뜻한다.

따라한다. 운지법이 틀릴 수도 있고 코드를 잡아도 이게 맞는 건지 한참 들여다보면서 하니 진도가 느리다. 아무에게도 수업료를 지불하지 않았으니 당연하다. 뜨개도 별반 다르지 않다. 도안이 있어도 내 마음대로 변형하는 부분이 많고 설령 그대로 떴다 한들 스스로 그렇게 믿을 뿐이다. 하나씩 파고들면 잘못 뜬 부분이 나오지 않을 거라는 보장이 없다.

  유튜브 영상만 보고 대뜸 목도리를 따라 뜨겠다는 생각이 든 걸 보면 알겠지만 그때 처음으로 바늘을 쥐었던 건 아니다. 초등학교 4학년이었던 걸로 기억한다. 미술 수업이었는지 재량 수업이었는지 정확하지는 않지만 당시 담임선생님에게 처음 뜨개를 배웠다. 학교 가는 길목에 있던 낡은 문구점에서 500원짜리 대바늘과 1,000원짜리 실을 샀었는데 여간 따가운 실이 아니었다. 그래도 조막만 한 손으로 꾸물대니 바늘에 코가 걸렸고, 차근차근 겉뜨기와 안뜨기를 배웠다. 40명의 학생 중에 코 잡기에 성공한 학생은 절반, 겉뜨기를 성공한 학생은 거기서 절반, 안뜨기까지 모두 완수한 학생은 거기서 또 절반이었다. 선생님은 끝까지 포기하지 않고 수업을 따라온 다섯 명에게 달콤한 초콜릿을 건넸고 난 초콜릿을 받은 다섯 명 중 한 명이었다. 상장을 받는 것도 아닌데 교실 앞에 섰고 가벼운 칭찬과 초콜릿을 받는 동안 선생님의 유도에 따라 자리에 앉아있던 나머지 아이들은 박수쳤다. 지금 생각해 보니 뜨개와 처음 만난 순간부터 짜릿함을 맛본 셈이다. 이게 내가 다짜고짜 실을 사서 목도리를 짤 수 있었던 이유 중 하나가 아닐까?

아쉽게도 흥미는 오래가지 않았다. 단발성 수업이었던 데다가 싸구려 바늘이 똑 부러져 버렸기 때문이다. 바늘을 새로 살까 잠시 고민했지만 나는 50원짜리 돌사탕 10개를 택했다. 사실 고민 안 했다. 주머니에 하얀 돌사탕을 가득 넣고 부스럭대는 게 언제 부러질지 모르는 바늘보다 훨씬 좋았었다. 그때는 사탕 살 돈으로 단추 하나 더 사는 미래가 올 거라고는 전혀 상상하지 못했지.

사탕 대신 단추를 사게 된 지금의 나는 어느 단계에 있을까? 초보자라기에는 자존심이 상하고, 척척 도안을 만들어 내는 수많은 인터넷 속 뜨개 고수를 숱하게 봐온 터라 고수라기에는 양심에 찔린다. 중급자 정도면 딱일 것 같다. 도안을 본 뒤 크게 헤매지 않고 완성할 수 있는 사람. 그 정도면 된다.

오랜 기간 뜨개인으로 살다보니 수업도 찾아봤었다. 처음에는 국내 기관에서 발행하는 자격증을 위주로 알아봤다. 쌓여가는 뜨개옷 말고도 내 실력을 검증해 줄 좋은 수단인 것 같았다. 국가 공인 자격증은 없었고 모두 민간 기업에서 발행하는 자격증뿐이라는 점에서 크게 구미가 당기지 않았다. 십수 개의 업체에서 각각 추구하는 편물 기준이 모두 달랐고, 대부분 당사에서 시험 과정과 관련한 수업을 진행한 뒤 시험을 응시하는 구조였다. 게다가 자격증 취득 비용이 적게는 십만 원에서 많게는 수십만 원까지 호가했다. 시험까지 도달하는 과정이 굉장히 길고 지난하니 일찌감치 마음이 떴다. 사람마다 다르겠지만 적어도 내게는 만족감이나 성취감을 주기 어려운 형태였다.

다음으로 알아본 건 자격증과 별도로 뜨개 브랜드에서 진행하는 수업이었다. 장소가 집 근처라 부담 없이 다닐 수 있을 것 같았다. 취미반과 전문가반으로 나뉘어 선택한 수업을 수강하면 되는데, 취미반으로도 충분히 다양한 편물을 접할 수 있는 기회였다. 이왕이면 온라인보다는 대면 수업으로 직접 질문도 하고 잘못된 부분은 없는지 확인하고 싶었는데 시간을 맞추기가 여간 어려운 게 아니었다. 돈을 벌어야 하는 슬픈 어른으로서 평일 오전 강의는 없는 것과 마찬가지고 주말은 전문가반을 위주로 시간표가 짜여 있다. 한참 동안 수업을 찾아 돌아다니던 중 뜨개인이라면 한 번씩 생각해 본다는 보그 과정에 대해 알아버렸다.

보그 자격증은 일본수예보급협회에서 발급하는 자격증으로, 가장 유명하고 실력을 인정받을 수 있는 자격증이다. 1964년 '보그 수예 컨설턴트 협회'로 시작한 일본수예보급협회는 2012년 일본 내각 총리 장관으로부터 공익재단법인으로 인정받았다. 수많은 지도자를 양성해 낸 노하우가 쌓여 현재 뜨개 입문 과정부터 사범 과정까지 체계적으로 배울 수 있는 곳이다. 그렇다면 따져볼 것도 없이 당장 수업을 들으면 되는 게 아닌가. 여기에는 두 가지 걸림돌이 있다.

첫 번째, 생각보다 비싸다. 입문 과정을 보통 6개월로 산정하고 한 달에 십만 원이니 육십만 원이 든다. 사용할 실, 바늘 등의 재료비는 포함되지 않는다. 교재비 역시 별도다. 과정을 마치고 나면 수료증을 신청하는 비용이 또 따로 있다. 어림잡아 계산해도 백만 원이다. 내게 백만 원은 50일치 생활비 혹은 3개월치 식비 혹은 10개월치 교통비로 쓸 수 있는 돈이다. 과감히 취미 생활에 투자하기에는 큰돈이다. 입문 과정을 무사히 마치고 다음 과정을 하고 싶어진다면 더욱 곤란한 금액이 기다리고 있다. 삼만 원으로 시작한 수료증 신청비는 급격히 늘어 십팔만 원이 된다. 수업비, 교재비, 재료비를 합히면 얼마가 될까. 상상만 해두 무섭다.

두 번째, 돈만큼 시간이 든다. 기본적으로 보그 과정을 배우려면 똑같이 보그 과정을 이수한 사람에게만 배울 수 있다. 협회에 회원으로 등록된 사람만이 수업할 수 있는 구조다. 집 근처는 택도 없었고 편도 한 시간 거리에 있는 공방에서 수강 인원을 모집한다는 글을 봤지만 엄두가 나지 않았다. 수많은 후기에서 말하기를, 과제가 매우 많다는 공통된 의견을 보고 주춤한 것도 사실이다. 뜨고 싶은 날 뜨고 싶은 만큼만 손에 쥐었다가 피곤하면 적당히 내려놓는 내가 감히 따라갈 수 있는 수업인가.

어쩐지 부정적인 뉘앙스로 읽힐 수 있다는 걸 안다. 그건 이 글이 철저히 내 기준에서 작성되었기 때문이다. 뜨개를 본업으로 생각하거나 차근차근 단계를 밟아가며 꼼꼼하게 익히고 싶은 사람에게는 더할 나위 없이 좋은 과정이다. 취미 뜨개인으로 보그 과정을 수료한(혹은 배우고 있는) 모든 사람들을 이해하고 존중하고 심지어 부러워한다. 일주일 넘게 찾아보던 자격증 소식을 잠시 제쳐두고 생각해 봤다. 과연 내게도 좋은 수업인가. 본업과 병행하며 두 가지 모두 놓치지 않을 자신이 있나. 배우고 싶었던 마음이 거짓은 아니었지만 두 마리 토끼를 모두 잡을 자신이 있는 것도 아니었다. 확실한 욕심이었다.

 뜨개에 단순한 취미 이상으로 몰입했고 더 성장하려는 욕심이 생겼다. 하지만 이 욕심 때문에 내가 글을 쓸 시간이 줄어들어 마감 기한을 맞추지 못한다거나 직장에서 함께 일하는 사람들에게 조금이라도 피해를 끼치게 된다면 본말전도다. 뜨개는 어디까지나 내가 언제 떠올려도 미소 지을 수 있는 행복 그 자체여야 한다. 뜨개가 목적이 되는 순간 감당할 수 없을 것 같은 강한 예감이 든다. 나는 뜨개를 영원히 즐거운 취미로 남겨 두고 싶다.

 보그 과정에 대한 마음을 정리한 기념으로 초보 시절 가장 많이 떴던 코스터를 떠 봤다. 코바늘을 처음 잡았던 날 대바늘과 전혀 다른 원리에 신기해하며 코스터만 스무 장쯤 떴다. 매직링으로 시작해 원형으로만 늘려 가는 동그란 코스터, 중간중간 코를 건너뛰며 한길 긴뜨기와 사슬뜨기를 이용한 도일리 코스터, 실을 길게 여러 겹 빼낸 채 빼뜨기를 이용하는 자스민 스티치 코스터까지. 조금 울적했던 마음이 코바늘을 움직이는 동안 착 가라앉았다.

 수많은 직업 뜨개인들 덕분에 나는 소중한 도안과 실을 사며 크고 작게 기쁘다. 이 기쁨을 놓치지 않기 위해 열심히 소비하고, 응원하며 취미로서 즐기는 뜨개인으로 남겠다. 언젠가 삶에 더 큰 여유가 찾아오면 그때는 자격증을 준비해 볼 수도 있겠다. 그때까지는 소박하게 지금처럼 폭닥대자.

01년생에게 꼰대 소리 듣는 97년생

– 양 세 마리 파우치

네 살 차이나는 동생이 하나 있다. 성별과 성씨 말고는 모두 다른 친동생이다. 나란히 서 있어도 자매라고 생각 못 하는 사람이 태반이다. 외양은 기본이고 체질, 말투, 성격, 성적, 취미, 일하는 분야까지 그냥 모든 게 정반대인 사람이다. 내가 한국이라면 동생은 우루과이쯤에 있달까.

MBTI로 말하자면 난 INTP, 동생은 ENFP다. 내가 가장 싫어하는 사람 유형과 한집에 살고 있다. 항상 텐션이 높고 온갖 곳에 공감하느라 TV에서 누가 울기만 하면 따라 울면서도 맛있는 걸 입에 넣어 주면 또 헤헤 웃는다. 모든 ENFP들이 그런 건 아니겠지만 적어도 동생은 그렇다.

독서나 글쓰기, 뜨개를 좋아하고 도서관이나 서점, 한적한 카페를 주로 가는 나와 달리 동생은 거의 매일 밖에서 친구와 만난다. 뭘 하는지 물으면 어느 날은 서울에 어느 날은 부산에 또 어느 날은 놀이공원에 다녀왔단다. 아니, 놀이공원 개장 시간에 들어가 폐장 시간에 나와서 집에 새벽 1시에나 들어왔는데, 몇 시간 자고 출근하는 게 가능한 삶인가. 이게 4년이라는 시간에서 발생하는 체력 차이인지 기필코 놀겠다는 의지 차이인지 모르겠지만 난 두 달 전 놀이공원에 갔다가 다섯 시간 만에 진이 빠져 집으로 돌아왔다.

이러니 동생 눈에는 내가 항상 그 자리에 그대로 앉아 뜨개만 하는 인간으로 보이나 보다. 주로 거실 소파에 앉아 뜨개를 하는데, 동생이 퇴근하고 집에 오면 어제나 오늘이나 같은 자세로 앉아 손만 움직이는 나를 보니까.

– 언니는 일을 안 해? 약속도 없어? 어떻게 맨날 똑같은 모습으로 있는 거야.

– 퇴근하면 바로 집에 오니까… 평일에 약속 잡으면 힘들어. 뜨개하는 게 편해.

서로 이해하지 못하고 몇 밤이 지난 어느 날. 동생과 나는 휴무를 맞춰 함께 집을 나섰다. 동생의 운전 연수를 위해서다. 난 수능 끝난 다음 날 면허 학원에 등록했다. 면허 취득 후 몇 년 뒤 차를 갖게 되어 벌써 운전한 지 6년 차에 접어들었다. 반면에 동생은 면허조차 딸 생각이 없다가 아빠의 성화에 못 이겨 작년에 겨우 면허 취득을 끝냈다.

21세기를 살아가는 현대인에게 운전 정도는 기본 소양이라고 생각하는 나와 그렇지 않은 동생. 내내 직접 운전해서 연인을 태우고 다녔던 나, 연인이 운전하는 차만 타본 동생(이건 좀 부럽다). 나도 상대가 운전하는 차 한 번은 타보고 싶은데 아무래도 이번 생에는 그럴 팔자가 아닌가.

지난달 운전 학원에서 도로 주행 연수를 무려 10시간이나 끝낸 동생에게 운전석을 넘기고 난 조수석에 탔다. 면허도 있고 주행 연수도 10시간이나 받았으면 20분 거리에 있는 카페 정도는 갈 수 있겠지.

아니었다. 내비게이션에 찍힌 바로는 22분 거리에 있는 카페에 40분이 걸려 도착했으며(평일 낮이라 차가 많은 것도 아니었다), 운전은 둘째 치고 겁이 너무 많아 앞차가 끼어들기만 해도 벌벌 떨었다. 차간 거리도 충분했고 방향 지시등도 잘 켜고 들어온 차에게 왜 화를 내는 거야. 노래도 틀지 마라, 창문도 열지 마라, 내비는 볼 줄 모르니 옆에서 길을 알려 달라, 위험해 보이면 바로 말해 줘라……. 이럴 거면 그냥 내가 운전하는 게 낫지 않겠나.

그래도 막상 도착하니 전보다 긴장이 풀렸는지 돌아가는 길은 꽤 수월했다. 물론 위에 나열한 조건들은 여전히 동일했지만, 보조 브레이크 없는 차로 왕복 운전을 했다는 사실이 중요한 거니까.

일주일이 지나 두 번째 연습일. 이번엔 옆 시에 있는 대형 쇼핑몰을 목적지로 삼았다. 지난번보다 약 두 배나 먼 거리에 있었고 도로도 한적하지만은 않아 난도가 상대적으로 높았다. 그래봤자 편도 40분 정도. 지난번에 무사히 다녀왔으니 이번에도 별일 없을 거라 생각한 난 보조석에 앉아 뜨개나 할 생각이었다. 간단하게 실과 바늘만 챙겨 차에 올라탔는데… 고난이 기다리고 있을 줄이야.

동생에게 운전이 낯설 듯 내게도 운전 강습이 낯설다. 약 10년 전 운전면허 학원에서 선생님한테 배우기나 해봤지 누군가 가르칠 일이 어디 있었겠는가. 멘탈 약한 동생을 위해 최대한 착하게, 어르고 달래며 잘 알려주고 있다고 생각했는데 갑자기 옆에서 동생이 울었다. 대체 운전하다가 도로 한복판에서 우는 사람이 어디 있어. 눈물 나면 시야 확보가 안 되잖아. 울어도 주차장 들어가서 울어야지.

짧은 지하차도에서 나오면 우회전을 해야 했는데, 그러려면 지하차도에서 나오자마자 2번의 차선 변경이 필요했다. 차근차근 하나씩 하면 된다고 일러주고 옆에서 타이밍을 봐주고 있었는데 공교롭게 1차선에서 달리고 있던 우리 차와 3차선에서 달리고 있던 차가 동시에 2차선으로 차선을 변경했다.

우리 차가 상대보다 조금 더 앞에 있었고 방향 지시등도 잘 켜고 들어갔으니 우리의 잘못이라고 할 순 없었지만 어쨌든 동시 진입은 위험한 상황이므로 상대 차에서 클랙슨을 울리는 건 당연한 일이었다. 동생은 난생 처음 본인을 향한 클랙슨을 듣고 당황했고 상대 차는 굳이 우리 차 옆에 서서는 창문을 내렸다. 그러더니 운전자가 동생인 걸 보고는 혀를 한 번 차고 사라졌다. 나는 상대가 그냥 간 데에 내심 감사했다.

– 뭐라고 하려다가 그냥 가신다. 다행이다.

척 봐도 나이 어린 동생이 두 손으로 핸들을 꼭 붙잡고 있는 모습을 보고 싸워 봤자 소용없다고 생각한 듯했다. 마침 신호등이 빨갛게 바뀌는 바람에 상대가 째려볼 짬이 났지만 그 정도야 아무 일도 아니었다. 아무 일이 아니라고 생각한 게 나뿐이라 그렇지. 옆에서 동생이 갑자기 우는 모습을 보였을 때 내 심정을 서술하자면 황당하다는 말을 60장짜리 리포트로 쓸 수 있겠다. 내가 재빠르게 휴지로 수습했으니 망정이지 주행 중에 눈물을 흘렸다면… 정말 끔찍하다. 초보인 주제에 감정 컨트롤도 안 되다니. 나는 그 울음이 자신의 답답한 실력을 자조한 데에서 기인한 줄 알았는데 나중에 물으니 그냥 서러워서 그랬단다. 동생아. 나는 너의 옆에 앉아서 운전을 가르쳐야 한다는 게 서럽다.

 출발한 지 얼마 되지 않아 일어난 일이었으므로 야심차게 들고 나온 뜨개는 전혀 진전이 없었고 도착할 때까지 이래라저래라 간섭하느라 바늘을 전혀 쥐지 못했다. 다른 건 하나도 안 무서워하면서 왜 운전을 이렇게 무서워할까. 나도 처음에 그랬나. 무사히 도착했다는 안도감에 배가 고팠는지 동생이 밥부터 먹자고 했다. 동의했고 식당으로 갔다.

 밥을 먹으며 앞으로 운전을 어떻게 해야 하는지 일장 연설을 늘어놨다. 그래, 인정한다. 길고 지루한 얘기였다. 동생이 '그러는 언니는 처음부터 운전을 잘 했냐'며 반문했는데 아무리 생각해도 얘보단 잘했다. 애초에 운전을 이렇게 무서워한 적도 없었다. 게다가 난 나처럼 친절하게 가르쳐 주는 운전 선배 같은 거 없이 혼자 잘만 했다.

 그러자 동생이 나보고 꼰대란다. 장난하나. 꼰대라는 건 모름지기 쓸데없는 오지랖과 어설픈 충고로 듣는 이에게 불쾌감을 주는 사람 아닌가. 나는 정말 동생을 위하는 마음으로, 다 지 잘되라고 하는 소리인데. 언니가 말하면 그냥 고맙습니다 하고…… 어? 이게 꼰대 맞는 것 같기도 하고.

 돌아가는 길엔 결국 내가 운전했다. 퇴근 시간이라 도로가 붐비기도 했고 동생에게 기력이 남지 않은 듯 보였다. 돌아가는 차 안은 노래만 잔잔하니 평화로웠다. 그러면서 이런 상황에선 이렇게, 저런 상황에선 저렇게 운전하라며 열심히 떠들다가 잠깐 옆을 보니 동생은 자고 있더라는 머쓱한 이야기.

집에 돌아오니 남은 건(계속 잤으면서) 녹초가 된 동생과 머쓱한 나, 그리고 여전히 편물이 되지 못한 실뿐이었다. 에라이. 어차피 오늘 강습은 다 지나갔으니 다음을 기약하고, 이 실이나 짜야겠다.

뜨려던 건 작은 파우치였다. '바늘이야기' 유튜브에 올라온 양 세 마리 파우치이다. 마침 전에 쓰고 남은 부클사가 있어서 그대로 따라 만들 수 있었다. 정확한 실 이름은 '도톰 부클'이고, 6mm 코바늘로 두 시간이면 완성할 수 있었다. 지퍼를 다는 과정이 조금 귀찮긴 하지만 전체적으로 굉장히 쉬운 난이도였다. 여름에 쓰기엔 좀 더워 보이는 감이 있을까 봐 걱정했는데, 몸에 직접 두르고 다니는 게 아니라서 괜찮았다.

냉큼 떠서 동생에게 줬다. 그리곤 다음 운전 일정을 잡도록 회유했다. 지금 동생 상태로는 주유도 세차도 톨게이트 지나는 것도 뭐 하나 제대로 하지 못할 것 같으니 어떻게든 시켜 봐야겠다.

하루를 기록하는 또 하나의 방법

- 무드 블랭킷

뜨개인들은 화도 뜨개로 내더라.

독일 모스부르크에 사는 어느 뜨개인은 밥 먹듯이 연착되는 기차에 화가 나는 나머지 매일 연착 정도를 목도리로 표현했다. 5분까지는 회색, 30분까지는 분홍색, 30분이 넘는 연착은 빨간색으로 매일 두 단씩 1년을 떠 '연착 목도리'를 완성했다. 총 길이 1m 20cm의 '연착 목도리'[12] 사진을 보면 처음에는 회색과 분홍색, 빨간색이 번갈아 나오다가 여름에서 가을쯤 가면 새빨간 구간이 나온다. 여름에 철로 수리를 시작한 탓이다. 40분 거리를 2시간 동안 통근했다고 하니 목도리만큼이나 마음도 빨갛게 물들었을 듯싶다.

목도리 사진이 SNS에 업로드되자 뜨개인과 비뜨개인 모두에게 큰 관심을 받았고, 우아하게 불만을 표출한 당사자는 기차역 노숙자를 위한 기부 목적으로 해당 목도리를 인터넷 경매에 올렸다. 낙찰가는 7천 550유로, 낙찰자는 '연착 목도리'의 또다른 주인공이기도 한 독일 국영 철도회사 관계자였다. 꽤 멋진 결말이다.

---

12 SBS 뉴스 픽 '연착 때마다 떴던 '분노의 목도리'…놀라운 낙찰가 누군가 했더니' 참조.

또 어떤 유튜버는 한화 이글스의 승패를 뜨개로 기록한다.[13] 이기면 주황색, 지면 흰색으로 실을 바꿔 가며 뜬다. 나중에 가방이 될 편물이라고 한다. 다른 구단 팬이 보는 한화 팬은 지독한 정신력으로 중무장한 사람들이다. 비교적 화를 적게 내고, 연패를 달리는 동안에는 해탈한 모습도 많이 보인다. 한 경기 지고 이길 때마다 감정 기복이 하늘과 지하를 오가는 아빠와는 확연히 다르다. 해당 유튜버는 개막 후 꾸준히 뜨개하는 모습을 쇼츠로 올리다가 '못 해먹겠다'며 업로드를 중단했다. 시즌 막바지로 갈수록 재미도 없고 화가 난다면서도 경기는 계속 볼 거고 응원도 하겠다고 했다. 가을 야구 진출 확률이 2.5퍼센트인 구단의 경기를 계속 응원하는 마음으로 보겠다니. 심심한 위로의 말을 전한다.

하나의 기준을 세우고 그에 맞춰 날마다 기록하는 뜨개. 지금까지 해본 적 없는 뜨개 방식이다. 조금 더 찾아보니 비슷한 연간 프로젝트들이 많았다. 그중 가장 자주 보인 건 무드 블랭킷(Mood Blanket)이다. 직역하면 기분 담요, 정도 되겠다. 적게는 5개, 많게는 20개 넘는 감정에 색상을 부여하고 하루 끝에 어울리는 색으로 한 단씩 뜨는 식이다. 일 년 동안 하루 한 단이면 365단이니 폭에 따라 꽤 큰 담요가 완성되겠다.

나는 올해 2월부터 무드 블랭킷 프로젝트를 시작했다. 행복, 즐거움, 우울, 슬픔, 분노, 편안까지 6개의 감정을 정하고 각각 흰색, 연

---

13 유튜브 채널명 '뜨든'의 쇼츠 영상 참조.

두색, 하늘색, 파란색, 검은색, 노란색을 부여했다. 사용한 실은 '아이돌'이다. 색상이 다양해 인형이나 소품에 많이 사용하는 실인데, 두께가 얇은 편이라 두 줄 잡아 6mm 바늘로 뜨는 중이다. 어려운 기법이나 배색 없이 그저 긴뜨기 3개, 사슬뜨기 3개를 반복하면 된다. 한 단은 99코, 약 80cm다. 다음날이 되어 윗단으로 올라가면 사슬뜬 자리에 긴뜨기를, 긴뜨기 자리에 사슬을 뜨며 위아래 구멍이 번갈아 생기는 무늬다.

6개월 조금 넘는 기간 동안 매일 거르지 않고 떴다면 당연히 거짓말이다. 피곤해서 거를 때도 있었고 귀찮아서 미룬 적도 있었다. 가끔은 담요의 존재 자체를 잊고 잠에 들었다가 꿈에서 커다란 코바늘에 다리가 짓눌린 적도 있었다. 왜 손이 아니라 다리인지는 아직도 모르겠다.

올초에는 힘든 일이 많았는지 담요가 온통 검거나 파랗다. 파란색은 모든 걸 덮어버리는 바다의 색이고 검은색은 나를 덮어버리는 새벽의 색이다. 봄에 접어들고 벚꽃이 질 무렵에는 노란색과 연두색이 가장 많았다. 처음 담요를 기획하며 적었던 감정에는 '편안'이 아니라 '보통'이 있었다. 평범하게 하루를 보냈으면 그건 곧 보통의 상태라고 생각했다. 쭉 적어놓고 보니 감정을 표현하는 데 '보통'은 어울리지 않아 보였다. 대체 보통이란 뭐란 말인가. 매일 똑같이 살면 보통인 건가. 사건이 없는 평범한 하루는 좋거나 나쁜 감정 없이 보내고 있는 건가. 자세를 고쳐 앉아 하루를 되돌아 봤다.

아침에 무사히 눈을 떴고 밥솥에는 밥이 가득했으며 별 탈 없이 퇴근했다. 동네 친구와 카페에서 커피를 마시며 우스갯소리로 시간을 보냈고 저녁엔 먹고 싶었던 치킨을 먹었다. 잘 써지지 않던 글의 일부분을 거침없이 써내려갔다가 다시 보니 유치한 것 같아 모두 지워 원점이 되었다. 응원하던 야구팀은 무승부를 냈고 오늘치 뜨개 분량은 귀찮음을 이유로 내일로 미뤘다. 조금 이따가는 읽다 만 책을 두 장쯤 넘기다가 잠에 들겠지.

내 하루는 보통 이렇게 흘러간다. 매일 가던 카페의 커피가 오늘따라 맛이 없을 수도 있고 야구팀이 이길 수도 질 수도 있다. 그래도 보통의 하루다. 꺼진 TV 화면을 잠시 응시하다 오늘도 참 편안했다, 고 생각했다. 보통이라는 건 편안하다는 말이었다.

하루 이틀 밀린 담요 뜨기는 벌써 4일째 미뤄졌다. 오늘은 꼭 뜨고 자야겠다. 노랗고 연두빛의 뜨개가 되겠다.

파도 앞에서 파도 입기

- 블루웨이브 카디건

  참새가 방앗간 못 지나가듯 뜨개인은 실 세일을 지나칠 수 없다. 실 값은 물론이고 바늘이나 기타 장비 값이 쏠쏠하게 나가는 편이기에 눈여겨보던 실이 할인을 한다면 절대 놓칠 수 없다. 뜨개샵도 여타 쇼핑몰과 마찬가지로 명절이나 기념일에 할인을 많이 하는 편인데, 단종 예정인 실의 경우 특히 큰 폭으로 할인한다. 기본 20퍼센트에서 50퍼센트 넘는 할인율을 보일 때도 있다. 물론 추가 구매할 수 없다는 치명적 단점이 존재한다는 걸 알면서도 반값으로 파는 실을 보면 침 흘리며 장바구니에 담을 수밖에 없다.

  그렇게 침이 잔뜩 묻어 배송된 이번 실은 '히말라야 데님'이다. 퓨어 코튼 100%의 실로, 이름답게 흰 눈이 스프레이처럼 묻어있는 실이다. 4볼 묶음으로만 판매하는데, 무려 반값이니 두 묶음을 샀다. 할인하는 품목을 사면 돈을 아끼는 거니 이 정도는 괜찮다며 슬쩍 눈을 흐렸는데 결국 통장에서 빠져나간 건 원래 값이다. 조삼모사다.

  그래도 한 볼에 50g짜리 실이 8볼이나 있으니 든든하다. 보통은 뜨고 싶은 도안이 있으면 그에 어울리는 실을 찾는 편인데 이번엔 실이 먼저 생겨버렸다. 가볍고 얇은 면실이 눈앞에 있고 마침 날씨는 더워지니 이건 여름 카디건을 뜨라는 계시가 아닐까!

내 뜨킷리스트 속에서 욕심을 담아 '블루웨이브 카디건' 도안을 열었다. 차트 도안을 보는 게 익숙하지 않은 데다가 원작과 게이지 차이가 꽤 나는 상태로 일단 시작했다. 이 옷은 뜨개인들 사이에서 굉장히 핫한 아이템이었는데, 파도가 치는 것처럼 물결무늬를 따라 구멍이 송송 뚫린 모양이 아주 매력적이다. 게다가 도안이 무료다!

욕심 많은 햄스터를 본 적이 있는가. 햄스터는 다 먹지도 못할 해바라기 씨를 양 볼에 욱여넣고는 저만 아는 곳에다가 우르르 뱉어 보관하는 습성을 가졌는데, 내가 도안을 보관하는 방식이 이렇다. 언제 뜰지, 무슨 실로 뜰지 아무것도 정해지지 않았지만 일단 마음에 드는 도안이 있으면 고이고이 모아 둔다. 참고로 모아 놓은 수십 개의 도안 중 직접 뜬 건 단 3개에 불과하다.

완성작을 3개에서 4개로 늘리려는 야심 찬 도전의식을 불태우려는데 다섯 단 만에 막힐 줄은 몰랐다. 줄글로 상세하게 적힌 글 도안과 달리 사각형에 기호로 쓰인 차트 도안은 어느 정도 스스로 해석하는 능력이 필요했다. 차트를 왼쪽에서 시작하는 건지, 오른쪽에서 시작하는 건지, 갑자기 늘어나거나 줄어든 코를 어떻게 해결해야 하는지 헤맬 부분이 가득했다.

우선 기본적으로 위에서 아래로 떠 내려가는 톱-다운 형식인데, 분명 4단까지는 없던 코가 5단에서 아무렇지 않게 표시되어 있다. 어느 부분에서 어떻게 코를 늘려야 하는 건지 몰라 여러 뜨개 커뮤니티를 돌아다니며 해당 도안을 먼저 떠 본 선배들에게 조언을 받아

위기를 넘겼다. (그냥 감아코로 늘려 주면 된다고 했다)

알음알음 떠 내려가는데 소매 분리를 할 때쯤 또 이상한 걸 느꼈다. 작았다. 그냥 작은 것도 아니고 작아도 너무 작았다. 소매를 분리할 때가 됐다는 건 적어도 가슴 언저리까지는 떴다는 건데 아무리 몸에 가져다 대어도 길이가 한참 부족했다. 사료 많이 먹고 사랑 많이 받아 튼실해진 소형견에게 입히면 적당할 것 같은 사이즈다. 안타깝게도 나는 166cm에 몸집이 커다란 여성이므로 맞지 않을 것이 뻔했고 반려견을 키우고 있지도 않다. 주인 없는 옷을 뜨고 있던 거다.

앞서 말한 내용 중 '게이지가 많이 다르다'라는 복선이 있었다! 원작의 메리야스 게이지는 19코 19단. 내 실의 게이지는 19코 26단. 세로 길이에서 굉장한 차이가 있다. 그러니 소매를 분리하는 시점이 당연히 원작보다 많은 단수를 뜨고 난 후여야 했는데 일정 단수마다 반복되는 꽈배기 무늬를 계산하기 싫어 살짝 모른 척 좀 했다고 이런 일이 일어난 거다. 직면한 문제를 해결하지 않고 넘어가면 꼭 나중에 더 큰 불상사로 돌아온다는 인생의 진리가 뜨개에서도 예외 없이 일어났다.

그래서 이 불상사를 어떻게 했냐면, 그냥 또 모른 척 넘어갔다. 분명 시착 시 아기 옷 뺏어 입은 사람처럼 어깨며 팔이며 꽉 끼어 앞섶이 닿지도 않는 꼴을 봤으면서 그냥 이어서 뜨고 있다. 이유가 뭐냐고 물으면 모두 풀었다가 다시 떠야 할 앞길이 막막해서, 라고 답하겠지만 아마 진짜 이유는 아닐 것 같다. 은연중에 이 옷을 포기하고 있는 게 아닌가 싶다. 어차피 이렇게나 결함이 많은데, 일단 떠

보고 괜찮으면 입고 아님 말아야지, 하는 적당한 생각으로 뜨고 있는 게 아닐까. 몸통을 끝내고 소매를 뜨며 든 생각이다.

또 실패를 향해 달려가고 있는 건가 싶지만 우선 끝까지 떠 봐야 아는 법이니 마지막까지 떠 보려 한다.

내 자디 작고 작디 작은 카디건에게는 또 하나의 문제점이 있었다. 무늬가 잘 보이지 않는다는 것. 꽈배기와 바늘비우기의 반복으로 시원한 무늬가 한눈에 들어오는 게 이 카디건의 매력인데, 단색 실이 아닌 그라데이션 실을 사용했더니 무늬가 실에 묻혔다. 분명 처음부터 알고 있었다. 이 실로 무늬가 많은 옷을 뜨면 원하는 대로 완성되지 않을 거란 걸.

그런데도 굳이 이 옷을 뜨기 시작한 건 실패를 염두에 두었기 때문이다. 과연 내가 실수 없이 끝까지 해낼 수 있을까? 하는 걱정을 뒤집어 망하더라도 티가 나지 않는 실을 쓰자는 결론을 낸 거다. 지금까지 실수한 게 한두 번인가, 잘못 뜨면 풀고 다시 뜨는 게 일상 아니었나, 묻는다면 할 말이 없다. 반복된 '푸르시오'는 날 강하게 만들었지만 한편으로는 완성에 임박한 편물을 풀어낼 미래가 두려워 어려운 도안을 미리 포기하게 만들기도 했다.

학원이나 학교에 가기 싫었던 경험이 있는가. 대부분의 학생들이 그렇듯 아침에 일어나는 게 너무 싫어 학교가 없어졌으면 좋겠다고 생각한 적이 있다. 아마 중학교 때까지는 아침마다 그런 생각을 했던 것 같다. 그렇다고 학교 자체를 싫어했던 게 아니다. 아침에 일찍 일어나야 한다는 것과 학교까지 가는 길이 힘들었던 거다. 막상 등교하고 나면 수업도 잘 듣고 친구와도 잘 놀았다. 어떨 때는 하교가 아쉽기까지 했다(기억 미화일 가능성이 높긴 하다).

부지런히 손을 놀리며 뜨는 행위 자체는 좋은데 거의 100%의 확률로 다가오는 푸르시오가 두렵고, 뜨고 난 뒤 정리해야 하는 수많은 실 가닥이 귀찮아 시작을 못하는 거다. 오히려 뜨개에 막 취미를 붙이던 시기에는 이러지 않았는데 요즘 들어 심해졌다.

그래도 이왕 시작한 거, 무늬가 보이든 말든 끝까지 떴다. 원작은 긴 소매지만 난 짧은 소매로 줄여서 떴다. 그래야 이번 여름 동안 잘 입을 수 있을 것 같아서. 완성 후 세면대에 물을 받아 옷을 푹 담그면서도 긴가민가했다. 이게 잘 뜬 게 맞나, 입을 수는 있나. 여름에 입겠다고 소매까지 줄여 떠 놓고 세탁하고 다 마를 때까지 확신이 없었다니. 이렇게 우유부단할 수가.

대망의 착의. 역시 작았다! 나보다 두 사이즈는 작은 사람이 입어야 훨씬 잘 어울릴 옷이다! 게다가 무늬 역시 잘 안 보인다! 하지만 내 생각보다 마음에 드는 것도 사실이다. 작긴 하지만 내가 입겠다는데 누가 뭐라고 하겠는가. 아이코드로 둥글둥글 마무리한 끝단도 귀엽고 잘 보이지는 않지만 구멍이 송송 나 바람이 잘 통하는 것도 마음에 든다. 오지 않은 일을 걱정하며 바늘을 잡지 않았다면 이 옷은 없었겠지.

무늬가 잘 보이지 않으니 군데군데 실수한 부분도 티가 나지 않았다. 소매 어디에는 구멍이 잘못 났고 등판 어디에는 코 늘림이 제대로 되지 않았다. 그래도 아무도 모른다. 나도 그게 어딘지 모르고 남들은 더 모른다. 이제 뜨는 방법도 알았겠다, 이번에야말로 내 몸에 맞는 블루웨이브를 뜰 수 있을 것 같다. 실패는 성공의 어머니라는 말이 이래서 생겼구나 싶다.

내가 쓸데없는 걱정을 하나, 싶을 때는 대체로 쓸데없는 경우가 많다. 그러니 될 대로 되라는 마음으로 돌파해보는 것도 좋을 것 같다. 그럼 혹시 아나. 근사한 옷 하나 입게 될지.

P.S. 이번 화의 제목 '파도 앞에서 파도 입기'는 이맘때면 바다 한 번은 갔겠지, 라는 생각으로 몇 달 전에 미리 정해 놓은 제목이다. 매년 여름이면 꼭 빼놓지 않고 바다를 보러 갔기 때문에 이번에도 그럴 거라고 생각했지만 가지 못했다. 그래서 바다 앞에서 이 옷을 입고 사진을 찍겠다는 당찬 계획도 이루지 못했다.

그렇지만 구태여 제목을 바꾸지는 않겠다. 이미 문제점 백 개 정도 있는 옷인데 제목만 정상적이면 무엇 하겠나. 차라리 제목까지 알차게 실패하는 게 이번 화의 진정한 완성 아닐까!

시간을 엮어 당신에게
- 모비 스웨터 맨

낭만투성이인 뜨개 중에서도 최고봉은 아란 스웨터이다. 피셔맨 스웨터라고도 불리는데, 이름답게 어부들의 스웨터이다. 아란 스웨터의 '아란(Aran)'은 아일랜드 서해안에 있는 섬을 말하며 아란 스웨터는 이 섬 사람들이 짜던 스웨터다. 꽈배기 무늬 혹은 벌집 무늬, 다이아몬드 무늬가 잔뜩 들어가 두껍고 촘촘한 게 특징이다.

어디선가 들어봤을지도 모르겠다. 아란 스웨터에는 사랑과 낭만이 가득 들어있는 일화가 있다. 스웨터의 무늬에는 각각 의미가 있어 부인이 남편의 안전을 기원하며 자유롭게 조합해 떴다는 이야기이다. 벌집 무늬는 노동의 보상, 다이아몬드는 부유, 꽈배기는 어부의 밧줄과 행운, 지그재그는 운명을 의미한다고 알려져 있다. 아내들은 만선과 무사귀환을 빌며 위 무늬들을 직접 짰다는 말이다.

널리 퍼진 이야기지만 어느 곳에서는 사실이라고 하고 어느 곳에서는 사실이 아니라고 한다. 스웨터는 거친 해풍을 막기 위해 두텁게 만들어졌을 뿐, 세부적인 상징성은 연극[14]에서 나왔다는 거다.

---

14 한겨레21 '북대서양 겨울 느낌 물씬…'아란 스웨터' 어때요?' 칼럼 참조.

이러나저러나 누군가를 위해 옷을 만들었다는 사실 하나만은 변함없지 않을까. 어차피 뜨개는 낭만 빼면 시체다. 나는 믿고 싶은 대로 믿기로 했다. 아란 스웨터를 선물하고 싶은 사람이 생겼기 때문이다. 가장 첫 꼭지에서 말했던, 공들여 뜨던 옷을 '푸르시오'하게 만든 바로 그다. 슬픔이 절절하게 묻어나는 글을 써놓고 그를 위한 옷을 다시 뜨게 된 연유를 말하기 전에, 먼저 그에 대해 설명할 필요가 있겠다.

난 내가 무성애자인 줄 알았다. 이성애자도 동성애자도 아닌 무(無)성애자 말이다. 농담이 아니라 진심으로 그렇게 생각한 시절이 있었다. 애니메이션 캐릭터와 아이돌을 보며 흔히 말하는 '덕질'을 열심히 했던 사람이지만 이상하게 누구와 이성적으로 긴밀한 관계를 맺는다는 걸 상상만 해도… 온몸에 닭살이 돋았다. 그래서 첫눈에 반한다는 말이 과연 진짜 가능한 일인지 항상 의구심을 가졌다. 어떠한 서사 없이 누군가를 곧장 좋아할 수가 있다고? 정말?

가능했다! 그저 친구들과 놀러 다니고 열심히 회사 다니던 평범한 일상에 첫눈에 반한 사람이 생겼다. 이전까지 내가 가지고 있던 사랑에 대한 비관적 생각을 모두 엎어버리는, 그런 사람이 나타났다. 머릿속으로만 그리던 얼굴과 목소리, 친절한 매너까지 고루 갖춘 사람이었다.

그는 아주 낮고 매력적인 목소리를 가졌다. 그래서 사실 만나기 전, 전화할 때부터 이미 반쯤은 그에게 홀렸다. 새벽까지 그와 통화하고, 졸린 눈을 비비며 출근하는 게 참 좋았다. 서로 호감을 확인한 상태에서 첫 만남을 가졌고, 우리는 그날부터 서로에게 가장 가까운 사람이 되기로 했다.

4년이 조금 안 되는 시간 동안 그와 행복하게 만났다. 싸우기도 많이 싸웠고 서로 큰 잘못을 저지른 적도 있었지만, 그래도 행복했다. 나를 바라보는 그의 눈빛에서 무한한 애정을 느낄 수 있다는 게 행운이었다. 말하자면, 그는 내 첫사랑이었다. 내가 마음에 온전히 담았던 유일한 사람이다.

온 마음을 다해 만났던 기간이 다 거짓말인 것처럼 허무하게 헤어졌다. 고작 문자 한 통으로 끝나 버렸다. 언젠가 헤어지는 날이 온다고 해도 미련 없이 깔끔하게 헤어져야지, 했던 다짐은 모두 쓰레기통에 넣은 사람처럼 매달렸다. 사랑이 식었다는 말인지 재차 물었지만 지쳤다는 말만 돌아왔다. 더 잘하겠다는 나의 말에 그는 아니라고 답했다. 4년 동안 서로 최선을 다했지만 이제 그를 움직이게 할 원동력이 없다고 했다. 사랑이 떨어졌다는 말이었다.

얼굴을 보면 더 힘들 거라며, 이렇게 끝내자는 그에게 나는 비참하지만 동조했다. 그동안 진심으로 행복했다고, 모두 당신 덕분이었다며 마지막 메시지를 보냈다. 그도 나와 만나 행복했다고 했다. 그렇게 끝났고 1년이 지났다. 1년 동안 잠 한 번 제대로 잔 적이 없고 종종 폭음했다. 생전 처음 아빠에게 술에 취한 채 고민 상담도 했고 정신을 차리면 후회했다.

몸이라도 고되면 생각이 덜 날까 싶어 빈 시간을 없앨 아르바이트도 구했다. 그와 만날 때보다 세 배는 바쁜 일상을 보내며 천천히 잊고 있다고 생각했다. 아니었다. 멀쩡하다가도 공상에 잠기고 모든 곳에서 그를 떠올렸다. 이것도 병이 아닌가 싶을 정도였다. 억지로 잠에 들어도 꿈에 그가 나오니 얼마 못 가 깼다. 자나 깨나 지옥이 따로 없었다.

홀로 술을 마시고 집에 들어오니 뜬 눈으로 천장을 바라보다 그의 목소리가 너무 듣고 싶었던 날이었다. 고민하다 전화했고 당연히 받지 않았다. 굴하지 않고 메시지를 보냈다. 행복하느냐고. 곧장 전화가 왔다. 그는 행복하지 않다고 했다. 근황을 나눴고 서로 많이 망가진 채 살고 있다는 걸 알았다. 그날만 내리 다섯 시간을 통화했다. 정말 오랜만에 소란스럽지 않은 새벽이었고 정신이 맑아졌다. 자연스럽게 우리는 다시 만나게 되었다. 믿을 수 없겠지만 그와 만난 다음 날 깊은 잠에 들었다. 꿈 한 조각 없는 아주 깊은 잠이었다.

그가 완벽한 사람이냐 물으면 그렇지 않다. 싸우기도 많이 싸웠고 상처도 많이 준 사람이다. 그가 나에게 그랬고 내가 그에게 그랬다. 그런데도 우리는 다시 시작했다.

곧 있을 그의 생일에 미처 선물하지 못했던 스웨터를 선물하기로 했다. 전에 뜨던 민무늬 말고, 아란 스웨터를 만들어야겠다. 기본적으로 무늬가 적지 않기에 최대한 부담스럽지 않은 아이보리 색 실을 골랐다. 분명 까다로운 뜨개옷 세탁법을 모두 따르지 않을 그를 위해 슈퍼워시 울 100%인 실로 작업했다. 권장 바늘인 4mm 바늘로 스와치를 냈더니 원하는 질감이 나오지 않아 4.5mm로 바꿨다.

  도안은 Petty Knit의 'Moby Sweater Man'이다. 넥라인을 바꿔 보려다가 앞판 다이아몬드 무늬와 넥라인이 딱 떨어지지 않아 전부 풀고 다시 떴다. 완성했던 옷도 다시 풀었는데 겨우 어깨 정도 뜬 편물쯤이야. 아무렇지 않다.

  그와 다시 만난다는 사실이 나를 위로해준 모든 사람에게 미안했다. 헤어졌다는 말을 듣고 단숨에 100km를 운전해 왔던 친구도 있었고, 중요한 시험을 앞두고 내게 시간을 내어준 친구도 있었다. 틈 나는 대로 날 불러내 함께 술잔을 기울여준 언니, 같은 말을 무한히 반복하는 나와 한 시간 넘게 얘기한 친구, 진지하게 미래를 위해 조언을 아끼지 않은 아빠까지. 날 보듬어준 사람들을 배반하는 기분이었다. 이래서 연애 상담은 함부로 하는 게 아니라는 걸 알았다. 결국 본인이 하고 싶은 대로 하기 마련이다.

곧 스웨터가 완성된다. 그에게 잘 어울렸으면 좋겠다. 그가 기뻐했으면 좋겠다.

에필로그
- F.O

지난 2년 여간 떠 온 모든 것들에 관한 기록이 끝났다. 뜨개에서는 F.O(Finished Object)라고 한다. 하나의 작품이 끝났으니 기쁨을 만끽하고 다른 시작을 준비할 수 있다. 나는 F.O가 가까워지면 들뜨고 아쉬운 양가감정이 드는데, 이 책을 덮을 때도 같은 감정이 들길 바란다. 한 권의 책을 완독했다는 즐거움과 다음 페이지가 없다는 아쉬움이면 충분하다.

1분 남짓한 쇼츠와 릴스가 알고리즘을 지배함에 따라 내 뇌가 점점 녹아내리는 기분이다. 어렸을 때는 앉은 자리에서 몇 시간이고 가만히 책에만 집중한다는 게 그리 어렵지 않았는데 요즘은 기껏 펼친 책 옆에 휴대폰을 두고 5분마다 건드린다. 딱히 연락할 사람이 있는 것도, 기다리는 연락이 있는 것도 아닌데 그냥 숨 쉬듯 전화기를 만진다. 그러다 저도 모르게 유튜브 한 번 들어가면 한 시간씩 흘러있다. 이게 도파민 중독이 아니면 뭐가 중독인가.

적어도 뜨개를 하는 시간만큼은 도파민 수용체의 안녕을 기원할 수 있다. 두 손을 실과 바늘에 묶어놓지 않으면 쉽사리 조절하지 못한다는 사실이 조금 슬프긴 하지만, 조절하겠다는 의지가 있다는 게 중요한 거 아니겠나. 근데 뜨개 생활에도 도파민 중독이 침투할 줄은 몰랐지.

민무늬에 톱-다운 방식을 가정하고 옷을 한 번 뜨는 데에 일주일 정도 걸린다. 여가에 뜨개만 한다면 말이다. 지인과 약속을 잡거나 외부 활동이 많아지면 자연스레 완성은 미뤄지고, 그게 이 주가 될지 삼 주가 될지는 아무도 모른다. 그럼 몇 주나 같은 실과 도안을 붙들고 있는 게 지겨워져 자꾸 다른 도안을 뒤적인다.

초등학교 때부터 학창 시절 내내 인내와 끈기라는 단어가 생활기록부에서 빠지지 않았던 과거는 전부 어디로 가버리고 넷플릭스 이어보기 탭에 10개가 넘는 영화를 가지고 있는 현재만 남아 버렸나. 알 도리가 없지만 그렇다고 손에 잡히지 않는 뜨개를 그대로 둘 수도 없다. 이럴 때는 조그만 소품을 뜨면서 성취감을 빠르게 느끼는 게 중요하다.

지난겨울에서 이번 봄으로 넘어올 때가 그랬다. 해가 바뀌고 나이는 먹는데—누군가에겐 적은 나이겠지만— 제대로 이뤄낸 건 없고 어디 가서 당당하게 날 소개할 대명사가 없다는 게 적잖은 허탈감을 줬다. 물론 인생을 허투루 산 내 잘못이겠지만.

그래서 코바늘을 잡았다. 편물이 되지 못하고 남아버린 자투리 실을 끌어모아 뭐든 만들어야겠다는 생각으로 비장하게 바늘을 들고 실을 엮었다. 목도리가 되지 못한 체리, 가방이 되지 못한 붕어빵, 꽃이 되지 못한 아이스크림이 그럴듯한 모양으로 완성됐다. 만드는 시간도 모두 30분 내외였으니 이만하면 훌륭하다.

꼭지에 고리까지 끼웠더니 어디나 가볍게 달기 좋은 니트키링이다. 신나서 여러 개 만든 김에 친구들에게 나눠주기도 했는데, 뜨개 구리가 버섯에 파묻힌 사진을 답례로 받았다. 나만 신난 게 아닌 것 같아 다행이었다.

전에 누가 나한테 '너는 취미도 많은데 글도 쓰고 일도 하잖아. 부지런한 거야.'라고 한 적이 있다. 오히려 반대다. 한 가지에 대해 실력을 깊고 꾸준히 키우는 게 아니라 여러 군데 발을 걸쳐 놓으며 얕은 지식만 습득하고 있는 거다. 그러니까, 모든 걸 적당히 하고 있다는 말이다. 사건 사고에서 눈을 돌리고 싶은 건 어두운 소식을 들을 때마다 내 안에서도 불안이 자라고 있었기 때문이다.

균열이 일어나고 있던 마음을 메워준 건 뜨개였다. 몇 년째 포기하지 않고 쉬지 않는, 내게서 살아남은 취미이다. 쩍쩍 갈라진 마음이 뜨개를 할수록 끈적하게 하나로 엉겨 붙었다. 도톰하고 폭신한, 때로는 시원하고 부드러운 실로 열심히 가슴을 바느질했던 게 아닌가 싶다.

이제 타인에게 덜 휘둘리고 부정한 감정에 쉽게 휩쓸리지 않는 사람이 되었다. 혹여 울렁거리는 일이 생겨도 집에 들어가 안락한 소파에 양반다리를 한 채 앉아서 뜨개를 하면 된다. 그럼 마음이 가라앉는다.

물론 뜨개를 하는 모든 순간이 행복하기만 한 건 아니다. 가느다란 실이 지독하게 꼬이면 어쩔 수 없이 잘라 내야 할 때도 있고, 완성이 코앞인데 실이 부족해 강제로 바늘을 내려 놓아야 할 때도 있다. 어떨 때는 이미 완성해 실 정리까지 마쳤는데 길이가 너무 짧을 때도 있다. 펠팅이라도 생기면 눈물을 훔치며 소중한 작품을 버려야 하고, 무늬를 틀리는 날에는 '푸르시오' 해야 한다. 화가 안 날래야 안 날 수가 없다.

그럼에도 내가 해냈다는 성취감, 선물했을 때 기뻐하는 친구와 가족의 표정, 알알이 고르게 자리 잡은 편물의 코가 가져다주는 안정감, 어려운 도안을 헤치고 나면 앞으로 무엇이든 해낼 수 있을 것만 같은 고양감. 뜨개는 이 모든 것에 중독되게 만든다. 뜨개를 놓지 못하는 이유다.

혼자 쓰던 일기 같은 글에 늘 관심을 가져준 백씨에게 감사하다. 백씨가 없었으면 글이 꾸준히 업로드되는 일은 없었을 지도 모른다. 이 책의 어느 단락을 읽든 모두 내가 사랑하는 것들뿐이다. 만약 어느 구절에서 당신의 모습을 보았다면 나는 당신도 사랑한다. 모두 행복하길 바란다. 나는 다른 뜨개를 시작하러 가야겠다.

베이직 꽈배기 조끼

기본 정보

무늬 게이지 : 26코 36단

바늘 : 4mm 대바늘, 3mm 대바늘, 3mm 코바늘(선택 사항)

원작 사용 실 : 에어울 2합

개요

등부터 시작해 뒤판 암홀 늘림까지 진행

어깨코를 주워 앞판 목늘림 진행

양쪽 어깨 완성 후 앞판을 이어 암홀 늘림까지 진행

앞판과 뒤판을 하나로 이어 원하는 길이까지 원통뜨기

몸통, 소매, 목라인을 두 코 고무단으로 마무리

약어 참조

k	겉뜨기
p	안뜨기
m1r	오른코 늘리기
m1l	왼코 늘리기
m1rp	오른쪽 안뜨기코 늘리기
m1lp	왼쪽 안뜨기코 늘리기
W&T	되돌아뜨기(랩앤턴)
c6b	왼코 올려 세 코 교차뜨기

사이즈

- 총장 52cm(고무단 5cm 포함)
- 가슴 단면 40cm
- 몸통 단면 45cm

참고 사항

- 12단마다 꽈배기 무늬를 넣는 베이직 꽈배기 조끼입니다.
- 꽈배기 무늬는 c6f, c6b 모두 가능하나 한 방향으로 유지해야 합니다.
- 어깨코를 주워 W&T 시 무늬 간격 조정을 위해 바깥쪽 꽈배기만 1회 생략합니다.

  (도안에 기재되어 있으니 해당 부분에서 확인 바랍니다)

뒤판

*시작코 119코를 잡아줍니다.
*홀수단은 안면, 짝수단은 겉면입니다.

1단 : 3p, 1k, (6p, 1k, 7p, 1k) 괄호 안 무늬 반복, 6p, 1k, 3p
2단 : 무늬대로 진행

1단과 2단을 반복

6단 : 3k, 1p, (c6b, 1p, 7k, 1p) 괄호 안 패턴 반복, c6b, 1p, 3k

7 ~ 69단 : 1단과 2단 반복 / 18단, 30단, 42단, 54단, 66단에서 교차뜨기 진행 (6단 참고)

70단 : 1k, m1l, 마지막 한 코 전까지 무늬대로 진행, m1r, 1k
71단 : 무늬대로 진행
72단 : 늘림 없이 무늬대로 진행
73단 : 무늬대로 진행

74 ~ 77단 : 70 ~ 73단 반복

78단 : 1k, m1l, 4k, 1p, (c6b, 1p, 7k, 1p) 괄호 안 패턴 반복, c6b, 1p, 4k, m1r, 1k

79단 : 무늬대로 진행

80단 : 1k, m1l, 5k, 1p, (6k, 1p, 7k, 1p) 괄호 안 패턴 반복, 6k, 1p, 5k, m1r, 1k

81단 : 무늬대로 진행

82단 : 1k, m1l, 6k, 1p, (6k, 1p, 7k, 1p) 괄호 안 패턴 반복, 6k, 1p, 6k, m1r, 1k

83단 : 무늬대로 진행

84단 : 1k, m1lp, 7k, 1p, (6k, 1p, 7k, 1p) 괄호 안 패턴 반복, 6k, 1p, 7k, m1rp, 1k

85단 : 무늬대로 진행

잠시 코를 쉬게 두고 왼쪽 어깨로 넘어갑니다.

> 왼쪽 어깨

* 겉면을 바라본 채 왼쪽 끝에서 안쪽 방향으로 30코 주워 시작
* 새 실을 넉넉히 풀어 꼬리실로 코를 주워 줍니다.
* 홀수단은 겉면, 짝수단은 안면입니다.
* 짝수단은 모두 무늬대로 진행하면 됩니다.

1단 : 3k, 1p, 1k, W&T

2단 : 무늬대로 진행

3단 : 3k, 1p, 6k, 1p, W&T

4단 : 무늬대로 진행

5단 : 3k, 1p, 6k, 1p, 7k, W&T

6단 : 무늬대로 진행

7단 : 1k, m1l, 2k, 1p, 6k, 1p, 7k, 1p, 6k, W&T

8단 : 무늬대로 진행

9단 : 4k, 1p, c6b, 1p, 7k, 1p, 6k(무늬 넣지 않고 겉뜨기), 1p, 3k

10단 : 무늬대로 진행

11단 : 1k, m1l, 3k, 1p, 6k, 1p, 7k, 1p, 6k, 1p, 3k

12단 : 무늬대로 진행

13단 : 1k, m1l, 4k, 1p, 6k, 1p, 7k, 1p, 6k, 1p, 3k

14단 : 무늬대로 진행

15단 : 1k, m1l, 5k, 1p, 6k, 1p, 7k, 1p, 6k, 1p, 3k

16단 : 무늬대로 진행

17단 : 1k, m1l, 6k, 1p, 6k, 1p, 7k, 1p, 6k, 1p, 3k

18단 : 무늬대로 진행

19단 : 1k, m1lp, 7k, 1p, 6k, 1p, 7k, 1p, 6k, 1p, 3k

20단 : 무늬대로 진행

21단 : 1k, m1l, 1p, 7k, 1p, 6k, 1p, 7k, 1p, 6k, 1p, 3k

* 7k, 1p, 6k, 1p가 반복되는 패턴임을 유의하며 64단까지 떠줍니다.
* 12단마다 꽈배기 무늬가 들어가며, 33단/45단/57단에서 교차뜨기를 진행합니다.

64단까지 떴다면 잠시 코를 쉬게 두고 오른쪽 어깨로 넘어갑니다.

오른쪽 어깨

* 오른쪽 끝에서 30번째 코부터 바깥 방향으로 코를 주워 시작
* 꼬리실이 아닌 잡고 뜰 새 실로 주워 주세요.
* 홀수단은 안면, 짝수단은 겉면입니다.

1단 : 3p, 1k, 1p, W&T

2단 : 무늬대로 진행

3단 : 3p, 1k, 6p, 1k, W&T

4단 : 무늬대로 진행

5단 : 3p, 1k, 6p, 1k, 7p, W&T

6단 : 무늬대로 진행

7단 : 3p, 1k, 6p, 1k, 7p, 1k, 6p W&T

8단 : 무늬대로 진행, 마지막 한 코 전 m1r, 1k

9단 : 3p, 1k, 6p, 1k, 7p, 1k, 6p, 1k, 4p

10단 : 3k, 1p, 6k(무늬 넣지 않고 겉뜨기), 1p, 7k, 1p, c6b, 1p, 4k

11단 : 무늬대로 진행

12단 : 3k, 1p, 6k, 1p, 7k, 1p, 6k, 1p, 3k, m1r, 1k

13단 : 무늬대로 진행

14단 : 3k, 1p, 6k, 1p, 7k, 1p, 6k, 1p, 4k, m1r, 1k

15단 : 무늬대로 진행

16단 : 3k, 1p, 6k, 1p, 7k, 1p, 6k, 1p, 5k, m1r, 1k

17단 : 무늬대로 진행

18단 : 3k, 1p, 6k, 1p, 7k, 1p, 6k, 1p, 6k, m1r, 1k

19단 : 무늬대로 진행

20단 : 3k, 1p, 6k, 1p, 7k, 1p, 6k, 1p, 7k, m1rp, 1k

21단 : 무늬대로 진행

22단 : 3k, 1p, 6k, 1p, 7k, 1p, 6k, 1p, 7k, 1p, m1r, 1k

* 7k, 1p, 6k, 1p가 반복되는 패턴임을 유의하며 65단까지 떠줍니다.
* 12단마다 꽈배기 무늬가 들어가며, 34단/46단/58단에서 교차뜨기를 진행합니다.

65단까지 떴다면 쉬게 두었던 왼쪽 어깨를 이어줍니다. (뒤판은 잇지 않습니다)

66단 : 무늬대로 진행, 오른쪽 어깨 마지막 1코 전 m1r, 1k, 감아코 3개, 왼쪽 어깨와 이어주며 1k, m1l, 무늬대로 끝까지 진행

* 무늬가 올바르게 이어졌는지 확인 후 진행합니다.

67 ~ 69단 : 무늬대로 진행

70단 : 교차뜨기에 유의하며 무늬대로 진행(겉면)

71 ~ 73단 : 무늬대로 진행

74단 : 1k, m1l, 무늬대로 진행, 마지막 1코 전 m1r, 1k

75단 : 무늬대로 진행

76단 : 늘림 없이 무늬대로 진행

77단 : 무늬대로 진행

78단 : 1k, m1l, 무늬대로 진행, 마지막 1코 전 m1r, 1k

79단 : 무늬대로 진행

80단 : 늘림 없이 무늬대로 진행

81단 : 무늬대로 진행

82단 : 1k, m1l, 교차뜨기에 유의하며 무늬대로 진행,
         마지막 1코 전 m1r, 1k

83단 : 무늬대로 진행

84단 : 1k, m1l, 무늬대로 진행, 마지막 1코 전 m1r, 1k

85단 : 무늬대로 진행

86단 : 1k, m1l, 무늬대로 진행, 마지막 1코 전 m1r, 1k

87단 : 무늬대로 진행

88단 : 1k, m1lp, 무늬대로 진행, 마지막 1코 전 m1rp, 1k

89단 : 무늬대로 진행

* 89단까지 모두 떴다면 감아코 4개를 만든 뒤 뒤판과 이어 떠 줍니다.
* 오른쪽 암홀 부분까지 이어 뜬 뒤 마찬가지로 감아코 4개를 만든 뒤 마커를 하나 걸어 시작 지점을 표시합니다.
* 시작 마커 이후 1k, 1p, 7k …로 이어지는 무늬가 올바르게 배치되어 있는지 확인합니다.
* 시작 마커의 위치가 불편하다면 오른쪽 앞판의 첫 1p 후로 옮겨도 괜찮습니다.

몸통

* 원형으로 이어진 편물을 원하는 길이까지 패턴에 맞춰 떠 줍니다.
* 하나로 이어진 후 5번째 단에 교차뜨기를 진행하며, 이후 12단마다 교차뜨기합니다.
* 샘플의 경우 70단까지 떠 총장 47cm가 나왔습니다.

* 원하는 길이까지 떴다면 3mm 바늘로 교체해 두 코 고무단을 뜹니다.
* 왼쪽과 오른쪽 암홀 아래서 각각 한 코씩 줄여주면 남는 코 없이 두 코 고무단을 뜰 수 있습니다.
* 고무단 5cm를 뜬 후 돗바늘(혹은 코바늘)로 마무리합니다.

목 고무단

* 3mm 바늘을 이용해 뒤판 정중앙 7k 중 왼쪽 3번째 코에서 시작해 5코 줍고 1코 거르기를 반복해 165코를 주워 줍니다.
* V넥의 중심이 앞판을 이어주며 만들었던 감아코 3개임을 유의합니다. 감아코 3개 중 정가운데 코에 마커를 걸어 표시해줍니다.
* 두 코 고무단으로 총 6단을 뜨며, 마커를 걸어준 중심코에서 중심 3코 모아뜨기를 합니다.
* 돗바늘(혹은 코바늘)로 마무리합니다.

소매 고무단

* 3mm 바늘을 이용해 암홀 아래, 감아코 부분에서 코를 줍기 시작합니다.
* 6코 줍고 1코 거르기를 반복해 144코를 주운 뒤, 남은 부분에서 4코를 주워 148코를 주워 줍니다.
* 늘림이나 줄임 없이 두 코 고무단으로 총 8단을 뜬 뒤 돗바늘(혹은 코바늘)로 마무리합니다.

편물을 둘러보며 실 정리 후 완성합니다.

분노와 낭만의 뜨개일지

초 판 발 행	2025년 01월 10일 (인쇄 2024년 12월 27일)
발 행 인	박영일
책 임 편 집	이해욱
저 자	이계절
편 집 진 행	정수현
표지디자인	하연주
편집디자인	임아람
그 림	기도연
발 행 처	시대인
공 급 처	(주)시대고시기획
출 판 등 록	제 10-1521호
주 소	서울시 마포구 큰우물로 75 [도화동 538 성지 B/D] 9F
전 화	1600-3600
팩 스	02-701-8823
홈 페 이 지	www.sdedu.co.kr

I S B N	979-11-383-8457-5 (03810)
정 가	17,000원

※ 이 책은 저작권법에 의해 보호를 받는 저작물이므로, 동영상 제작 및 무단전재와 복제, 상업적 이용을 금합니다.
※ 이 책의 전부 또는 일부 내용을 이용하려면 반드시 저작권자와 (주)시대고시기획·시대에듀의 동의를 받아야 합니다.
※ 잘못된 책은 구입하신 서점에서 바꾸어 드립니다.

시대인은 종합교육그룹 (주)시대고시기획·시대교육의 단행본 브랜드입니다.